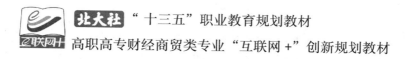

北大社 "十三五"职业教育规划教材

高职高专财经商贸类专业"互联网+"创新规划教材

企业行政管理
（第3版）

张秋垫◎主　编

北京大学出版社

PEKING UNIVERSITY PRESS

内 容 简 介

本书根据任务驱动、项目管理的高职高专院校教学改革需要编写而成。全书根据实际工作岗位需要的职业能力进行内容设计，由 7 个模块组成，先由相关案例引出基础知识，再进行针对性的能力训练，并适当进行知识拓展，最后设置思考与练习，用来检验所学知识。本书针对企业行政管理工作的特点，从企业行政人员的工作职责范围出发，以行政事务为基准，逐项阐述行政管理工作中应用到的方法、技巧及所需工具，从而将复杂的行政管理工作简单化、条理化、程序化。

本书可作为高职高专院校行政管理、文秘等相关专业的教材，也可供相关培训机构及企业行政部门的工作人员和从事企业行政工作的人士使用。

图书在版编目 (CIP) 数据

企业行政管理 / 张秋埜主编 . —3 版 . —北京：北京大学出版社，2021.1
高职高专财经商贸类专业"互联网+"创新规划教材
ISBN 978-7-301-31975-8

Ⅰ. ①企… Ⅱ. ①张… Ⅲ. ①企业管理—行政管理—高等职业教育—教材 Ⅳ. ① F272.9

中国版本图书馆 CIP 数据核字 (2021) 第 022812 号

书　　　名	企业行政管理（第 3 版） QIYE XINGZHENG GUANLI（DI-SAN BAN）
著作责任者	张秋埜　主编
策划编辑	蔡华兵
责任编辑	蔡华兵
数字编辑	金常伟
标准书号	ISBN 978-7-301-31975-8
出版发行	北京大学出版社
地　　　址	北京市海淀区成府路 205 号　100871
网　　　址	http://www.pup.cn　新浪微博：@ 北京大学出版社
电子信箱	pup_6@163.com
电　　　话	邮购部 010-62752015　发行部 010-62750672　编辑部 010-62750667
印 刷 者	北京圣夫亚美印刷有限公司
经 销 者	新华书店
	787 毫米 ×1092 毫米　16 开本　10.5 印张　230 千字 2013 年 9 月第 1 版　2017 年 1 月第 2 版 2021 年 1 月第 3 版　2023 年 1 月第 3 次印刷
定　　　价	36.00 元

未经许可，不得以任何方式复制或抄袭本书之部分或全部内容。
版权所有，侵权必究
举报电话：010-62752024　电子信箱：fd@pup.pku.edu.cn
图书如有印装质量问题，请与出版部联系，电话：010-62756370

PREFACE 前 言

长期以来,高职高专院校的教学基本照搬本科院校的教学方法,很多高职高专教材可以说是本科教材的简化版;近年来较为流行的案例分析教学法,我们认为仍然没有脱离本科院校"以知识为教学核心"的教学理念。浙江经济职业技术学院基于高职高专院校财经商贸大类课程的特点,以能力本位课程改革为核心,积极探索管理专业课程的教学方法。我们在多年以前,率先在管理专业课程上进行试验,取得了一些成果,也积累了许多心得体会。

企业行政管理课程要求学生了解企业行政管理岗位,以及办公室日常行政事务、企业文化建设、企业人力资源管理、企业安全管理等实际工作内容,而且需要掌握开展这些工作所需要的工作技能。通过本课程的学习,学生应掌握企业行政管理的基本概念,并在此基础上掌握企业行政管理的整体内容;同时,应掌握企业行政管理的基本技能,培养在企业行政管理工作中的细节处理能力。

有效的企业行政管理工作是企业业务顺利开展的基础保障。无论是在生产行业还是在服务行业,企业行政管理工作的有效性都会影响企业形象及其经营成本。在高职高专院校的教学中,我们希望学生在学习企业行政管理理论的同时,能掌握企业行政管理各岗位在工作过程中所需的各项技能,进而提高自身的灵活应变、团队合作等各项能力。基于这一思想,我们针对企业行政管理工作的整体要求和岗位要求,通过有限的课时教学指导,尽可能地让学生在高度仿真的工作环境中,通过实实在在的能力训练,系统地掌握企业行政管理过程中的能力要求及各岗位的技能要求,以便他们今后走上企业行政管理岗位后都能迅速入职。

本书在第2版的基础上修订而成,对部分知识点进行了调整,对部分案例进行了更新,根据实际工作岗位需要的职业能力进行内容设计,以突出职业能力培养为目标。本书编写具有以下特点:

(1)强化动手能力。每个模块的教学设计都是围绕学生动手训练进行的,在教师简要讲解后,学生根据课程要求查阅资料、动手训练、分工协作。在这个过程中,通过"教师指导—学生展示—教师点评—学生修改—教师评定",使学生真正掌握每个模块所介绍的技能。

(2)针对性。本书内容的组织体现了企业行政管理各岗位的要求,具体的能力训练针对企业行政管理过程中主要岗位的实际要求展开,以期提高理论知识在企业行政管理过程中的应用能力。

(3)实用性。每个模块一开始就给出学习目标,所有教学环节都围绕这些目标展开,环环相扣,使学生可以边学边练。

(4)创新性。本书在结合案例分析进行教学的基础上,通过给出的能力训练任务,让学生通过自学或进行实地调查来完成实训。用书教师可根据所在区域的实际条件,通过分项实训后自行设计并组织实施综合实训,从而使学生获得在企业行政管理工作过程中所需要的应用能力。本书能力训练没有标准答案,教师对学生实训评定的关键点在于学生完成作业的完整性、思考问题和解决问题的合理程度、团队合作精神、实训结果与实际情况的符合程度等方面。

本书由浙江经济职业技术学院张秋垫担任主编,是主编结合多年行政管理工作和教学实践的经验,与编写小组全体成员共同努力完成的。编写小组成员有:浙江经济职业技术学院的楼淑君、陈晔武、康粟丰、李海秋、江晓敏。具体编写分工为:张秋垫编写模块一、模块四,康粟丰编写模块二,楼淑君编写模块三,李海秋编写模块五,江晓敏编写模块六,陈晔武编写模块七;张秋垫负责全书的统稿和定稿工作。

由于编写时间仓促,加之编者水平有限,书中难免存在不妥之处,恳请广大读者批评指正。

编 者
2020 年 5 月

【资源索引】

CONTENTS 目 录

模块一 认识企业行政管理 /1

第一节 企业行政管理的概念 /2
第二节 企业行政管理的内容 /3
一、企业行政管理的范畴 /4
二、企业行政管理的职能 /4
第三节 企业行政管理的组织机构 /5
一、企业行政组织结构 /5
二、企业行政管理岗位 /6
三、全面提升行政管理工作 /8
四、典型工作岗位职责介绍 /9

能力训练 /11
思考与练习 /13

模块二 企业行政事务管理 /14

第一节 办公室事务管理 /15

　　　　一、办公室的基本功能　　　　　　　　　　　　　　　　/ 15
　　　　二、办公室管理的范畴　　　　　　　　　　　　　　　　/ 15
　　　　三、办公室管理的主要内容　　　　　　　　　　　　　　/ 16

　　第二节　企业文书管理　　　　　　　　　　　　　　　　　　/ 24
　　　　一、企业文书的概念　　　　　　　　　　　　　　　　　/ 24
　　　　二、企业文书管理的内容　　　　　　　　　　　　　　　/ 24

　　第三节　企业档案管理　　　　　　　　　　　　　　　　　　/ 26
　　　　一、企业档案的归档媒介　　　　　　　　　　　　　　　/ 27
　　　　二、企业档案的归类　　　　　　　　　　　　　　　　　/ 28
　　　　三、企业档案的检索利用　　　　　　　　　　　　　　　/ 28
　　　　四、信息化及安全对策　　　　　　　　　　　　　　　　/ 28

　能力训练　　　　　　　　　　　　　　　　　　　　　　　　　/ 30
　思考与练习　　　　　　　　　　　　　　　　　　　　　　　　/ 32

模块三　企业会务管理　　　　　　　　　　　　　　　　　　　/ 36

　　第一节　企业会议的概念　　　　　　　　　　　　　　　　　/ 36
　　　　一、会议的目的　　　　　　　　　　　　　　　　　　　/ 37
　　　　二、会议的要素　　　　　　　　　　　　　　　　　　　/ 37
　　　　三、会议的类型　　　　　　　　　　　　　　　　　　　/ 38

　　第二节　会前筹备管理　　　　　　　　　　　　　　　　　　/ 38
　　　　一、建立会议管理系统　　　　　　　　　　　　　　　　/ 38
　　　　二、制订会议筹备方案　　　　　　　　　　　　　　　　/ 39
　　　　三、准备好会议所需文件　　　　　　　　　　　　　　　/ 40
　　　　四、确定会议时间　　　　　　　　　　　　　　　　　　/ 41
　　　　五、确定会议名称　　　　　　　　　　　　　　　　　　/ 42
　　　　六、确定会议地点　　　　　　　　　　　　　　　　　　/ 42
　　　　七、发送会议通知　　　　　　　　　　　　　　　　　　/ 42
　　　　八、会场布置　　　　　　　　　　　　　　　　　　　　/ 43

　　第三节　会中组织与服务管理　　　　　　　　　　　　　　　/ 47
　　　　一、做好接站与报到工作　　　　　　　　　　　　　　　/ 47
　　　　二、做好签到工作　　　　　　　　　　　　　　　　　　/ 47

三、做好入场安排工作 /48
四、做好会议记录与必要的录音、录像工作 /48
五、做好会议保卫与保密工作 /50
六、做好会议期间服务与协调工作 /51

第四节 会后事项管理 /51
一、做好清理会场与文件工作 /51
二、做好与会人员的返程工作 /51
三、做好会议宣传工作 /51
四、做好会议纪要工作 /52
五、做好会议总结工作 /52
六、做好会议评估工作 /53

第五节 程式性商务会议管理 /53
一、新闻发布会组织与管理 /53
二、庆典活动组织与管理 /55
三、签约仪式组织与管理 /56
四、签约仪式的程序 /57

能力训练 /64
思考与练习 /65

模块四 企业公共关系管理 /67

第一节 企业行政沟通与协调 /68
一、企业行政沟通与协调的含义及特点 /68
二、企业行政沟通的过程与协调的内容 /72
三、企业行政沟通与协调的艺术 /74

第二节 企业对外关系管理 /80
一、企业与政府的关系管理 /80
二、企业与社区的关系管理 /82

第三节 企业形象管理 /83
一、企业形象的含义 /83
二、企业形象的组成要素 /83
三、企业形象的重要性 /84

四、企业形象的表达手段　　　　　　　　　　　　　　　　　　/ 85

　能力训练　　　　　　　　　　　　　　　　　　　　　　　　　　　/ 88

　思考与练习　　　　　　　　　　　　　　　　　　　　　　　　　　/ 88

模块五　企业文化管理　　　　　　　　　　　　　　　　　　　　　/ 90

第一节　企业文化的概念　　　　　　　　　　　　　　　　　　　/ 91
　　　一、企业文化的存在状态　　　　　　　　　　　　　　　　　　/ 91
　　　二、企业文化的特点　　　　　　　　　　　　　　　　　　　　/ 91

第二节　企业文化的结构与功能　　　　　　　　　　　　　　　　/ 93
　　　一、企业文化的结构　　　　　　　　　　　　　　　　　　　　/ 93
　　　二、企业文化的功能　　　　　　　　　　　　　　　　　　　　/ 95

第三节　企业文化的建设　　　　　　　　　　　　　　　　　　　/ 98
　　　一、企业文化管理的必要性　　　　　　　　　　　　　　　　　/ 98
　　　二、企业文化管理的原则　　　　　　　　　　　　　　　　　　/ 99
　　　三、企业文化管理需处理的三对关系　　　　　　　　　　　　　/ 101
　　　四、企业文化管理的流程　　　　　　　　　　　　　　　　　　/ 101
　　　五、企业行政文化管理　　　　　　　　　　　　　　　　　　　/ 103

　能力训练　　　　　　　　　　　　　　　　　　　　　　　　　　　/ 109

　思考与练习　　　　　　　　　　　　　　　　　　　　　　　　　　/ 110

模块六　企业人力资源管理　　　　　　　　　　　　　　　　　　　/ 111

第一节　企业员工招聘　　　　　　　　　　　　　　　　　　　　/ 112
　　　一、人员招聘的含义　　　　　　　　　　　　　　　　　　　　/ 112
　　　二、人员招聘的渠道　　　　　　　　　　　　　　　　　　　　/ 112
　　　三、员工招聘的程序　　　　　　　　　　　　　　　　　　　　/ 116

第二节　企业员工考核　　　　　　　　　　　　　　　　　　　　/ 119
　　　一、员工考核的含义　　　　　　　　　　　　　　　　　　　　/ 120
　　　二、员工考核的内容　　　　　　　　　　　　　　　　　　　　/ 120

　　　　　　三、员工考评的方法　　　　　　　　　　　　　／121
　　　　　　四、员工考评结果反馈　　　　　　　　　　　　／124
　　第三节　企业员工薪酬　　　　　　　　　　　　　　　／126
　　　　　　一、薪酬的含义与功能　　　　　　　　　　　　／126
　　　　　　二、薪酬的构成　　　　　　　　　　　　　　　／127
　　　　　　三、企业的薪酬制度　　　　　　　　　　　　　／129
　　　　　　四、薪酬设计的原则　　　　　　　　　　　　　／130
　　　　　　五、企业工资制度设计　　　　　　　　　　　　／130
　　能力训练　　　　　　　　　　　　　　　　　　　　　　／136
　　思考与练习　　　　　　　　　　　　　　　　　　　　　／138

模块七　企业安全管理　　　　　　　　　　　　　　　　／139

　　第一节　企业安全管理概述　　　　　　　　　　　　　／140
　　　　　　一、企业安全管理的含义　　　　　　　　　　　／140
　　　　　　二、企业安全管理的重要性　　　　　　　　　　／141
　　　　　　三、企业安全管理的理念　　　　　　　　　　　／142
　　第二节　企业安全管理的内容　　　　　　　　　　　　／144
　　　　　　一、安全生产管理　　　　　　　　　　　　　　／144
　　　　　　二、企业治安管理　　　　　　　　　　　　　　／146
　　　　　　三、消防安全管理　　　　　　　　　　　　　　／147
　　　　　　四、信息安全管理　　　　　　　　　　　　　　／148
　　第三节　企业安全管理的体系　　　　　　　　　　　　／149
　　　　　　一、安全事故产生的原因　　　　　　　　　　　／149
　　　　　　二、安全事故预防的主要对策　　　　　　　　　／151
　　　　　　三、现代企业安全管理　　　　　　　　　　　　／151
　　能力训练　　　　　　　　　　　　　　　　　　　　　　／155
　　思考与练习　　　　　　　　　　　　　　　　　　　　　／157

参考文献　　　　　　　　　　　　　　　　　　　　　　　／158

模块一
认识企业行政管理

> 【学习目标】

知识目标	能力目标
了解企业行政管理的含义、内容和特点	（1）熟悉企业行政管理组织的结构和要素。 （2）掌握企业行政管理各岗位的工作内容和岗位素质要求

> 【案例引导】

学习自动化专业的胡某大学毕业后自己创业办了一家只有12名员工的灯具装配企业，因为企业规模小，开始只设立了行政综合办公室，包含财务、人事、行政与后勤岗位，所以许多事务都是胡某亲自去协调管理的。

由于市场情况较好，胡某在生产管理、技术革新及销售管理方面加强力量，企业效益显著提升、规模不断扩大，员工在两年内增加到了近200人。但是，企业内外部事务性协调不断增多，行政综合办公室的人员也增加了，胡某努力加班并提高效率也无法使问题得到及时妥善解决。胡某不知道哪里出现了问题，在参加了管理培训后他才知道设立企业行政机构的必要性和重要性。

讨论：

你认为胡某的管理哪里出了问题？应该怎么解决？

> 【知识储备】

第一节　企业行政管理的概念

在现代企业中，行政部门是企业组织管理工作的重要执行部门，企业通过对事务性信息进行有效的管理，从而使生产、技术及市场等业务部门有效运转。它在企业内部起着枢纽作用，也是企业重要的管理部门。企业行政组织管理的合理化与科学化，是企业优化内部结构、提高运营效率、增加员工凝聚力，使企业立足于市场并取得成功的必备条件。

知识拓展

【企业行政管理】

什么是企业行政管理呢？它是指依靠企业行政组织，采取行政手段在企业内部进行的职能性管理，也就是以全面提高组织效能、提供必要的保障为目的，对企业内部办公行政事务、人力资源、内外沟通协调、企业文化建设、后勤事务活动的构成要素及其流通过程所做的规划、组织、监督、控制与协调。其中，企业行政组织是实施企业行政管理工作的载体。行政手段包括行政制度、指示、奖惩措施等。

广义的企业行政管理事务，简单来理解就是企业中除去基本的"研发""生产""销售"这些直接创造企业效益的业务性工作之外的全部事务。

一般来说，企业设立行政管理部门的初衷往往是将主营业务（研发、生产、销售等）之外的事务性工作剥离开来，使得企业的管理者能够集中精力做主营业务。随着企业的逐步发展和壮大，人们又从行政中分离出市场、财务、人力资源、客户服务等专门机构。不断派生的专门机构因为其职能的单一性而显得越发重要，在企业中的作用也越发明显，相比之下，作为"母体"的行政工作就显得日益没落，分出去的全部是相对重要的工作，留下来的纯粹是事务性工作。因此，狭义的企业行政管理往往又指将其中比较专业的"人力资源管理"和"财务管理"工作独立出来所剩余的工作事务。对于许多企业来说，行政工作似乎越来越没有重要性可言，在管理者的眼里，平日里的行政工作就是东修西补、保洁保安、收发传真、前台接待等，这些工作虽不可或缺但也无关大局。这是对企业行政工作的偏见，真正意义上的企业行政管理全然不是这个样子的，专门的行政管理部门，诸如办公室、总经理办公室、总务部、行政部等虽负担着企业行政管理的组织实施、具体操作，但只是行政管理工作中的一个部门、一个环节，是整个行政管理系统中的一个小系统。

随着企业的发展壮大，企业内部组织管理、企业公共服务、信息沟通等问题会逐渐显现，成为企业发展的制约因素，企业行政管理便应运而生。它作为一门新兴的管理学科，是公共管理与企业管理相互借鉴结合的产物，可以帮助企业应对企业内外部出现的行政问题。

企业行政管理有别于政府的行政管理，相比较而言，它具有以下特点：

（1）服从性。企业行政管理是由企业的一些行政部门完成的，行政部门不是独立组织，只是在企业的授权分工下开展工作的。因此，企业行政管理实质上是企业管理中的一部分，其管理目标也表现为服从企业的经营目标。而政府是独立的管理单位，其工作就是实施行政管理。

（2）服务性。在企业中，生产、经营、研发的根本目标是盈利，业务部门是直接创造利润的部门，而企业行政管理部门及其人员在企业中应该处于从属地位，因此，需要踏实地做好行政服务工作，保证业务部门的正常运行。在实际工作中，政府行政具有权威性与强制性。

（3）效益性。企业行政经费来自企业自身的盈利，因而企业的行政与企业的经济效益有着直接的联系。企业行政管理可以充分挖掘和最大限度地利用公司的各种资源，提高员工的工作积极性，提高企业效益，加快企业发展。而政府行政经费主要来源于财政。

（4）灵活性。企业行政管理为适应企业竞争发展的需要，可以进行变革、增删、剪裁、变通，增加管理的灵活性。而政府行政必须综合考虑宏观局势，管理制度需要保持长时间的稳定性与延续性。

案例阅读

某教师有一次在北京讲课，有位同学与他交换了一张名片，他发现这个同学的名片上面写着"不管部"，当时吓了一跳，就问那位同学："为什么有这个部门呢？"那位同学笑了笑说："我们这个叫法比较特殊，意思就是其他部门不管的事都归我们管，所以叫'不管部'。"由此可见，在企业中人们对行政管理的理解很混乱，而且组织结构可大可小，有的企业小到由人事部门下面的两个人负责行政事务，大到集团下设四大中心，其中一个中心就叫"行政管理中心"。"行政管理中心"已经是很大的"行政"概念了，基本上已经跳跃出了事务性的工作，参与了权力性的工作。

行政管理的本质就是服务。企业行政部门应以服务为本，甘当幕后英雄。行政部门以服务于企业为最终目的，行政人员应该兢兢业业、认真仔细地做好各种行政事务工作，把领导和员工从烦琐的行政事务和生活琐事中解脱出来。行政部门的工作永远不会成为企业关注的中心，不但不可能，而且不应该。因为，如果一个企业的关注点在行政部门上，那只能说明行政工作做得实在太糟糕了，影响了企业各方面的工作，影响了企业最终目标的实现，以至于引起了大家的关注。

企业行政工作可以说是千头万绪、纷繁复杂，行政人员每天都面临着大量、琐碎、不起眼的事务，但这些事务只不过是行政管理这棵大树上的枝枝叶叶而已。行政工作在其广度、深度、重要性及敏感性等方面都不同于企业的其他方面的业务，涉及上上下下、左左右右、里里外外的沟通和协调。行政管理的广度涉及整个公司或集团的全部运作过程；行政管理的深度又涉及许多局外人难以想象的细枝末节；行政管理之所以重要，是因为它是领导和各部门、众员工之间的桥梁；行政管理之所以敏感，是因为它涉及每个员工的切身利益。

第二节　企业行政管理的内容

企业行政管理包括企业行政事务管理、企业会议管理、企业公关事务管理、企业人事行政管理、企业行政文化管理、企业安全管理和企业后勤服务管理等。

> **知识拓展**
>
> 企业行政管理可从以下3个方面来认识：
> （1）企业行政管理的目标是全局性的，为企业整体发展需要服务。
> （2）企业行政管理是跳出企业生产、财务、技术等具体职能而产生的管理服务平台。
> （3）企业行政管理的职能是企业领导的主要管理内容。
> 行政工作可以用12个字概述：搞好服务、管好事务、参与业务。

一、企业行政管理的范畴

（1）行政事务管理。它包括相关制度的制定和执行推动、日常办公事务管理、办公物品管理、文书资料管理、档案管理、会议管理、涉外事务管理等。

（2）企业会议管理。它包括会前组织管理、会中服务管理、会后事项管理等，主要是各种会议的控制与组织。

（3）企业公关事务管理。它主要起着行政沟通与协调管理作用。企业行政部门作为企业的综合协调部门，行政沟通与协调是企业行政管理的重要内容，主要包括企业行政协调的相关概述、行政协调的方法、行政协调优化的关键问题分析及企业行政协调相关的行政沟通的理论介绍。

（4）企业人事行政管理。企业人事行政管理是企业行政管理的重要组成部分。按照企业经营目标实行的人事行政管理，就是将劳动者与劳动工具或劳动设备结合起来，作用于劳动对象，生产出劳动产品或者为消费者提供某种服务。

（5）企业行政文化管理。企业行政本质上属于"软文化"管理范畴，现代企业越来越重视企业文化建设。它主要涉及企业行政文化的内容界定、结构与基本构成分析、对行政管理活动的作用与功能分析及企业行政文化建设等内容。

（6）企业安全管理。它包括企业治安管理、企业消防管理、企业生产安全管理等。企业安全保障是行政管理工作中十分重要的环节。

（7）企业后勤服务管理。企业后勤服务管理是为企业各部门及员工提供综合保障服务的管理工作。它包括企业员工生活服务管理、企业资产管理、企业环境管理及交通服务管理工作等。

二、企业行政管理的职能

（1）整合职能。行政管理对企业的整个组织架构和各类管理活动进行整合，指挥、协调、沟通和监控企业的整体运作，理顺企业内外关系，维持企业整体有效的运行。

（2）综合职能。行政管理掌管企业的人事、财务、后勤、保卫、监察、环保、文化建设和机关管理等工作，对企业实施综合性的管理。

（3）服务职能。行政管理为企业营销、生产第一线服务。企业行政是企业的二线管理，不能脱离营销、生产第一线自成体系，要树立为第一线服务的观念，企业行政的一切工作都要体现为第一线服务的精神，切实为企业提供人力资源、资金、后勤、保卫和公共关系等方面的服务。

（4）保障职能。行政管理为企业提供制度保障、安全保障、后勤保障、文化保障、监督和监控企业的正常运行。

第三节　企业行政管理的组织机构

现代企业经营管理是寻求经济与社会利益最大化的权力运作体系，从企业行政的角度来看，有关企业人、财、物资源的占有、支配、使用、处置都是权力因素受市场诱发而产生的行动。

> **特别关注**
>
> 企业行政组织正是现代企业行政权力结构的现实体现，也是权力运作的现实载体。现代企业的良好行政组织体系，遵循企业行政组织运行的基本原则，并随社会经济技术的发展变革而进行组织优化，将会保障企业的利润实现、生产管理、市场营销及在社会上的声誉。

一、企业行政组织结构

企业行政组织结构是企业行政管理活动各组成部分之间的一种整体模式，是企业内部的纵向与横向分工状态。它不仅影响企业行政管理效率，而且影响企业本身功能的发挥。企业行政组织结构要适应企业的发展阶段、行业差别等情况。现代企业行政组织的结构分为职能型、综合型、混合型等几种类型，下面介绍前两种类型。

（一）职能型企业行政组织结构

职能型企业行政组织结构如图 1.1 所示。

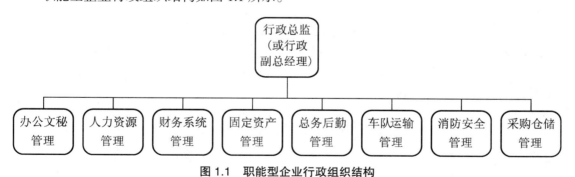

图 1.1　职能型企业行政组织结构

职能型企业行政组织结构的特点如下：

（1）适合大中型现代企业行政事务管理的需要。

（2）政务性工作从企业行政事务管理范围中分离出来成为独立的职能部门，简化总务和办公室主要负责的综合性事务。

（3）岗位细分，专人专职，通过专业化和岗位工作规范来体现不同岗位的工作职能。

（4）组织结构扁平化。

（二）综合型企业行政组织结构

综合型企业行政组织结构如图 1.2 所示。

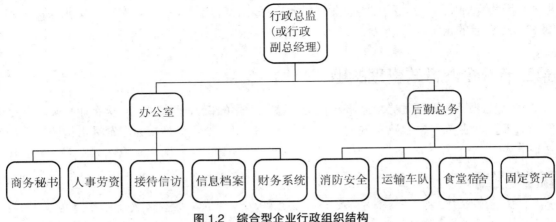

图1.2 综合型企业行政组织结构

二、企业行政管理岗位

（一）企业行政管理基层岗位

1. 岗位特点

（1）事务性。作为企业行政的基层岗位人员，每天必须完成大量事务，如会议安排、经费报销、用品采购等。完成这些事务既需要一定的专业知识，又需要有较高的工作效率。

（2）服务性。基层行政事务一般都是为其他部门员工或者领导服务的。服务性质的工作一般比较被动，需要多了解他人的需求、替他人着想、服从领导安排，只有适应能力强才可以做好工作。

（3）规范性。基层行政岗位一般都是经过专业化分工设计的，工作事务相对具体，并且有单独的工作要求，以保证工作的秩序和效率。基层行政岗位工作应严格按照规范办事、服从领导的安排和批示，不能超越职权，自作主张。对于工作中发现的问题，应及时向上级反映，提出合理建议。

2. 素质要求

（1）思想素质。作为企业行政管理基层岗位的员工应具有的思想素质是：良好的个人品德，较高的自我成功期待、荣誉感和奉献精神，较强的事业心和思辨能力。企业行政工作大都是重复、烦琐的工作，只有具有良好的思想素质，才能安心于本职工作，把每一项细小的工作做好，从而提高整个企业行政管理的质量和水平。

（2）心理素质。作为企业行政管理基层岗位的员工应具有心理素质是：灵活应变，包容性强，遇事冷静、镇定，乐观上进，自我约束能力强。企业行政组织经常因为企业状况变换员工的工作范围，而且企业行政管理工作中也常遇到一些突变的情况，所以只有具备良好的应变能力才能较好地适应企业的行政管理工作。同时，行政管理工作都是日常性工作，企业领导不可能每天安排员工需要从事的工作，这就要求行政管理人员发挥各自的主动性，积极承担相应的工作任务。

（3）身体素质。企业行政管理工作既服务于其他企业部门，又服务于企业领导，工作量有时会超负荷，这时就要求企业行政管理基层岗位的员工要有好的身体，具有充足的时间与精力。

（4）能力素质。作为企业行政管理基层岗位的员工应具备的能力素质是：有效管理的能力、沟通技巧、解决问题的能力、应急能力、领导能力、招聘/配备员工的能力、了解雇佣法律的能力、培训和发展员工的能力、技术能力、预测能力、福利管理能力和记录能力等。

（5）专业知识素质。企业行政管理基层岗位的员工需要具备丰富的行政办公管理知识及胜任工作的科学文化知识，即要具有理论知识、科技文化知识、法律知识、管理知识，以及相应的管理专业知识和一定的专业技能。

（二）企业行政管理领导岗位

1. 岗位特点

（1）管家角色。在企业中，高层领导主要是从宏观上把握企业的经营战略和策略，职能部门负责各项职能工作的具体实施，而企业行政部门管理者则主要充当统筹、策划、安排、处理各种行政事务的角色，即类似于"管家"。其主要任务是负责筹划经营策略的制定、实施、协调控制，安排企业内各职能部门的日常工作。这些工作的好坏，直接影响企业整体的运作效率。

（2）助手角色。作为企业行政管理领导，要认真、负责地协助企业高层领导进行企业发展战略规划、运营规划、人才规划等，特别是要学会为企业高层领导分担繁重的日常行政事务，让他们得以集中精力思考总揽全局、运筹企业品牌战略规划等重大事务。因此，企业行政管理要协助企业其他部门使得各项活动效率最大化，使企业管理工作井然有序。

（3）参谋角色。现代企业所处的市场环境日益复杂，企业间的竞争日益激烈，企业管理决策的难度越来越大。企业行政部门管理者的智囊、咨询、参谋作用越发重要。任何个体的智力和经验都是有限的，企业的决策层往往因为事务繁多，无法充分了解与各种决策相关的信息。企业行政部门是企业信息的主要管理部门，对决策所需相关信息的熟悉和把握可以给企业的高层决策很大的帮助，有助于企业在各种竞争中增加制胜筹码。

（4）活动家角色。企业行政部门管理者在企业活动中起着信息汇总和传递作用，并在职权范围内从事公关和协调的工作，因而扮演着活动家的角色。企业行政部门管理者通过各种信息媒介渠道，将企业的重大决策和重大事件向员工、股东和公众开放、公布，使其有机会参与企业的管理；通过正式与非正式的传播渠道，向股东和员工发布企业的经营状况，接受其咨询；通过新闻发布会等形式，向各新闻媒介提供企业信息，塑造良好形象。同时，企业行政部门管理者又起到信息汇总的作用，即广泛征求员工、股东、董事对企业经营管理工作的意见、建议和要求，了解并收集外界对企业的评价，并将这些信息分析整理后作为企业决策层的参考资料。

2. 素质要求

（1）资历要求。从事企业行政管理领导岗位一般需要有较长的工作经历，在企业内部具有威信，既能够指挥下属部门，又能对其他企业高层管理者产生影响力。虽然企业不能讲排资论辈，但是由于企业行政部门的综合性质，要求其领导者对企业的整体情况比较了解，并能够沟通协调其他部门，所以相对而言，对企业行政部门管理者的工作资历和经验更为看重。

（2）思想素质。在企业行政管理领导岗位，其思想素质要求高于一般岗位的职业道德，凡是要求下属和员工遵守的制度，首先自己遵守；凡是要求下属和员工不做的事情，首先自己不能做。领导在政治思想、道德素养方面必须严格要求自己，才能言传身教，影响他人。

（3）心理素质。企业行政部门管理者需要具有敢于决断、坚忍不拔和承受压力的能力，这样才能从容面对行政领导工作中的复杂问题。

（4）专业素质。企业行政部门管理者主要从事管理工作，既要熟悉行政业务，又要具有管理知识及经验，对计划、组织、领导、控制等管理技巧要善于运用。

（5）形象要求。个人形象包括穿着、服饰、言谈、举止、神态等。企业行政部门是企业的窗口和枢纽，部门管理者对内对外活动很多，应该穿着得体、举止自如、谈吐文雅、工作稳重。作为企业行政管理部门，保持良好个人形象，既能推进个人工作，又能促进企业其他工作的顺利进行。

案例分析

某化工企业因经营有方，产品一直供不应求，老板一再扩大规模，希望能占领更大的市场。但是，往往老板忙得昏天黑地，而干部、员工却有劲使不上；老板总觉得干部、员工拿得太多，做得太少；干部、员工又对老板一肚子怨气，怪老板不重视自己。这样不仅无法调动干部、员工的积极性、主动性和创造性，而且易造成劳资双方的隔阂与对立。由于没有制定成文的"公道"和"规矩"，造成企业内部"公说公有理，婆说婆有理"，互相扯皮，互相推诿；你争我夺，辩论不休；遇事不议，或久议不决，或决而不行，或行而不果；重复讨论，重复决定，重复劳动；朝令夕改，朝秦暮楚。因此，企业处于"打乱仗"的状态，严重影响工作效率和员工士气，造成人、财、物的极大浪费。

分析：在企业行政管理的实际操作中，往往存在完全摈弃"机关习气"、完全凭主观意愿办事的"游击作风"。企业没有系统的规章制度、明确的分工、充分的逐级授权和环环相扣的工作程序；无章可依，或有章不依；凡事完全看老板或各级负责人的当时意愿，"一拍脑袋"决定任何大小事项，没有科学的研究、决策、落实程序；决策只凭当时灵机一动，正确与否全凭运气；机构、部门、各级负责人都形同虚设，上级对下级大小事务插手过多，搞得下属无所适从。

三、全面提升行政管理工作

（一）加强行政管理制度建设

"无规矩不成方圆"，制度是企业管理的基石。企业应注重行政制度的建设与强化，通过制度正本清源。

（二）全面实行流程化管理

行政工作总是千头万绪，制度只是基础，行政上的许多环节需要靠流程图来实现。流程图的好处就是能够简单明了地说明工作的关键点，做到"分工清晰、权责明确"，使行政管理的各项工作条理清楚，有利于工作效率与工作质量的提升。

（三）加强表格化管理

工作流程有了，责任权力明确了，具体的实施就可依据表格化管理来实现。表格是行政管理工作中非常好的工具，许多复杂的工作只要用表格就完全能够说清楚，特别是一些需要追溯性的工作，通过简单的表格就可以实现。

（四）提倡办公自动化

办公自动化（Office Automation，OA）改变了过去复杂、低效的手工方式，为科学管理和决策服务，从而达到提高行政效率的目的。一家企业实现办公自动化的程度也是衡量其实现现代化管理的标准。

【什么是办公自动化】

四、典型工作岗位职责介绍

（一）行政助理岗位职责

（1）协助行政部经理完成企业行政事务工作及部门内部日常事务工作。
（2）协助审核、修订企业各项管理规章制度，进行日常行政工作的组织与管理。
（3）各项规章制度的监督与执行。
（4）参与企业绩效管理、考勤等工作。
（5）奖惩办法的执行。
（6）协助行政部经理进行内务、安全管理，为其他部门提供及时有效的行政服务。
（7）会务安排，做好会前准备、会议记录和会后内容整理工作。
（8）负责企业快件及传真的收发及传递。
（9）参与企业行政、采购事务管理。
（10）负责企业各部门办公用品的领用和分发工作。
（11）做好材料收集、档案管理、文书起草、公文拟订、文件收发等工作。
（12）负责对外相关部门的联系接待，对内接待来访、接听来电、解答咨询及传递信息工作。
（13）协助办理面试接待、会议、培训、集体活动、节日慰问等。
（14）协助行政部经理做好企业各部门之间的协调工作。

（二）行政部门经理岗位职责

（1）组织制订企业行政工作发展规划、计划与预算方案。
（2）建立和维护外部公共关系，包括政府、同行、社区、居委会等公共关系。
（3）处理企业突发事件。
（4）制订部门年度和月度工作计划。
（5）制定本部门的管理制度，贯彻执行本部门的各项纪律制度。
（6）管理本部门的各项日常工作。
（7）对部门企业关键业绩指标（Key Process Indication，KPI）的完成情况负责。
（8）协调本部门与其他部门之间的工作。
（9）部门实施运行 ISO 9000 质量管理体系。
（10）行政部门日常事务管理。

（11）完成上级临时交办的工作任务。

（三）行政总监岗位职责

（1）负责发挥总经理参谋、协调和综合管理职能，直接处理尚未分清职能的企业事务。

（2）根据总经理指示，编排工作活动日程表，安排重大活动的组织和接待工作。

（3）负责企业的经营管理，根据工作计划和目标责任指标，定期组织检查落实情况，整理分析后向总经理汇报。

（4）及时处理重要来往电文、信函的审阅、传递，督促检查领导批示、审核和修改以公司名义签发的有关文件，以及企业行政、生产方面重要会议、重大活动的组织筹备工作。

（5）负责指导、管理、监督公共事务工作，改善工作质量和服务态度，做好企业人员的绩效考核和奖励惩罚工作。

（6）定期组织做好办公职能检查，及时发现问题、解决问题，同时督促其他部门做好纠正和预防工作；掌握行政系统工作情况和企业行政管理工作的运作情况，适时向总经理汇报。

（7）组织企业有关法律事务的处理工作，指导、监督检查企业保密工作的执行情况。

（8）负责协调企业系统间的合作关系，先期调解工作中发生的问题。

（9）代表企业与外界有关部门和机构联络并保持良好合作关系。

（10）负责指导、管理、监督公共事务部人员的业务工作，改善工作质量和服务态度，做好企业人员的绩效考核和奖励惩罚工作。

（11）完成总经理临时交办的工作。

特别关注

企业行政管理有别于其他的具体职能管理工作，在企业内部起着枢纽的作用。在现代企业中，行政部门是企业中的管理部门，兼具承上启下、沟通协调的服务职能，企业通过它对事务性信息进行有效的管理，从而使技术、生产、市场等部门能更好地运转。因此，做好行政管理工作是企业有效运转的重要前提，也是经营者提高企业管理水平的一个主要切入点。企业行政管理制度建设，是行政管理研究的重要课题，企业的运作、员工的行为，都离不开科学化的管理。企业行政管理必须加强和完善规章制度。企业要实现利润，就要建立良好的行政组织体系，遵循企业行政组织运行的基本原则，按企业行政运行规律运作。

案例阅读

某集团行政部职责范围

（1）负责本部门职工（含临时工）的政治思想教育、业务学习、培训工作。

（2）做好集团的人事、工资、资产、档案管理及本部门报账等工作。

（3）做好群众来信、来访的接待和解释工作。

（4）做好集团网页的信息收集、整理、更新，以及刊物的编辑、印刷等工作。

（5）做好集团与相关部门的沟通及集团与兄弟企业的交流工作。

（6）做好集团文件、报告、总结、计划等的起草、打印、复印，以及报刊的收发和集团领导办公室、行政部办公室的卫生等工作。

（7）签收、分发邮政局送来的各种报刊邮件及其他印刷品，并协助机关处室分发集团内部的文件、材料等。

（8）做好集团安全生产、物价督查等工作。

（9）做好集团印章管理工作。

（10）完成集团交办的其他各项工作任务。

企业行政事务管理的法律知识

法律是一种明确、稳定的规范，而市场经济也就是法制经济。在企业的行政事务管理工作中具备必要的法律知识对管理者来说尤为重要。企业作为一个法人单位，必须依法治企，接受法律法规的约束，其行为必须符合法律法规的规定。具体要求：企业要依法成立、依法经营、遵守合同；要依照有关诉讼法的规定程序解决纠纷；企业负责人要依法行使职权，并保证职工代表大会、员工依法行使民主权利；企业制定的规章制度不得与国家法律法规相抵触；等等。只有知法、懂法，才能保证企业经营管理活动的顺利进行。

【企业行政管理相关法规】

一、关于《中华人民共和国全民所有制工业企业法》

这是企业最重要的法律文件。它明确规定了企业的权利、义务和责任；明确规定了企业的领导体制，以及厂长、党委和职工代表大会的权利与相互关系；明确规定了政府主管部门应尽的义务和责任；鲜明地体现了所有权与经营权分离、政企分开、党政分开的原则，它是全民企业的基本法律。

二、关于《全民所有制工业企业职工代表大会条例》

此条例全面规定了企业民主管理的基本形式——职工代表大会的性质、职权、组织制度、工作程序和职工代表的权利、义务及产生办法；规定了职工代表大会的工作机构（企业工会委员会）的职责，还对车间、班组的民主管理做了相应的规定。这一条例是具体规范企业民主管理的最重要的法规之一。

三、关于《中华人民共和国劳动法》（简称《劳动法》）

《劳动法》是保护劳动者合法权益，调整劳动者和用人单位之间劳动关系的重要法律。《劳动法》规定了劳动者享有平等就业和选择职业的权利、取得劳动报酬的权利、休息休假的权利、获得劳动安全卫生保护的权利、接受企业技能培训的权利、提请劳动争议处理的权利以及法律规定的其他劳动权利。同时，该法就促进就业、劳动合同、工作和休息休假时间、工资、劳动安全卫生、女职工和未成年工保护、职业培训、社会保险和福利、劳动争议、监督检查及法律责任等方面都做出了具体规定，是企业劳动行政部门必须遵守的重要法规。

四、关于《中华人民共和国合同法》（简称《合同法》）

《合同法》是企业比较重视也是常用的法律文件之一，因为企业与社会的关系主要是通过合同来体现的。《合同法》规定了经济合同的有效条件、无效合同的确立、经济合同的变更和解除、承担的违约责任及经济合同纠纷的解决办法。

此外，还有很多与企业相关的法律法规，如《中华人民共和国公司法》《中华人民共和国破产法》《中华人民共和国反不正当竞争法》《中华人民共和国审计法》《中华人民共和国价格法》等，行政管理部门需要根据本企业的责权范围，落实各项法律法规，确保企业依法经营，稳步发展。

能力训练

训练一

任务：在当地调查了解几家企业的行政组织结构，并对组织要素进行分析，分别完成1份企业的行政组织结构模型图和企业行政部门介绍。

目标：进一步加深对企业行政组织结构及企业行政组织的总体情况的感性认识。

能力点：团队合作、沟通交流、理解分析。

实施步骤：

（1）学生4~6人分为一个小组，1人任组长。

（2）每个小组调查了解一家企业的组织情况，并向企业提供项目任务的背景信息。

（3）根据企业的实际情况，分析企业行政组织的结构特点并描绘企业行政组织结构模型图，完成1份行政部门介绍。

（4）学生交流调查体会及对岗位的认识。

（5）教师小结，每位同学撰写实训报告及总结。

训练二

任务：利用网络或图书馆的信息，收集行政办公室、人事劳资、信息档案、消防安全、采购仓储管理部门的职责范围。

目标：了解行政职能部门的工作性质与内容，以及各岗位的职责范围与素质要求。

能力点：信息采集及编辑能力。

实施步骤：

（1）学生2~4人为一个小组，1人任组长，教师分配一个职能部门。

（2）在网上或图书馆查阅信息并编辑。

（3）学生制作PPT进行交流互动。

（4）教师小结，每位同学撰写实训报告及总结。

训练三（选做）

任务：参加招聘会体会企业行政部门的岗位技能及素质要求，通过对企业需求的了解，完成岗位说明书。

目标：通过了解企业实际需求的行政管理岗位职责来分析目前自己能力的差距所在。

能力点：沟通能力、耐挫能力、文字编写能力。

实施步骤：

（1）学生4~6人为一个小组，到招聘会现场进行调研，了解企业行政管理岗位的情况。

（2）对收集到的信息进行研讨，选择典型岗位，编写行政管理岗位说明书（表1-1）。

（3）在课堂上进行岗位职责说明介绍与交流。

（4）交流调研过程心得。

（5）教师小结，每位同学撰写实训报告及总结。

表1-1 岗位说明书范例

岗位名称		所属部门	
直属上级		填写日期	
岗位概述			
任职资格	教育背景： 技能要求： 岗位素质： 经验要求： 培训经历：		
晋升方向		直属下级	
轮岗岗位			

训练四

A公司准备在市中心召开大型的新产品订货会。参加订货会的有本单位、外单位的人员,总经理让办公室负责安排,会上要放映电影资料,进行产品操作演示,而公司没有放映机。预定会议厅和租借放映机的任务交给了文员小刘。

问题:

（1）假如你是小刘,对接下来可能发生的各种情况,应该如何处理?

（2）假如放映机在上午10:10还未送到,你还应该做些什么?

（3）从这件事中你得到了什么教训?

训练五

文员小曹向分管营销业务的孙副经理请示了业务处理的意见后,又遇到负责宣传的张副经理。小曹又向他做了请示,结果两位领导的意见很不一致。小曹无所适从,两位领导也因此矛盾加深。孙副经理认为小曹与张副经理关系亲近些,支持张副经理,认为小曹有意与他作对;而张副经理认为此业务是他引荐的,小曹应先跟他通气。

问题:

（1）请你分析小曹这样做对不对?错在哪里?

（2）面对这种情况小曹应该怎么办?

训练六

B公司行政助理小张一贯严格执行交接手续。一天,经过清点、对号、查看封口,检查无问题后,她签收了一批外来公文。但是,在启封登记过程中,她发现有一份属C单位所有的机密文件混装在普件中,她多年工作中第一次遇到这样的问题,她不知该如何处理。退回去吧,又怕节外生枝,说自己看了机密文件,惹出麻烦来;不退吧,也不妥。后来她将此事报告给办公室主任,通过正常方式将文件退给了发文单位。

问题:

此次事件给行政助理人员带来什么启示?

思考与练习

（1）什么是企业行政管理?它包含哪些工作内容?

（2）如何理解企业行政管理的特点?

（3）试述企业行政组织的结构。

（4）企业行政管理的基层与领导岗位的要求有什么不同?如何实现从基层行政岗位到行政管理岗位的职业过渡?

（5）对照企业行政管理的典型工作岗位介绍,找出自己的优势与不足。

模块二
企业行政事务管理

【学习目标】

知识目标	能力目标
（1）了解企业行政办公事务管理的含义、范围和特点。 （2）了解企业文书管理的一般流程。 （3）了解企业档案管理的一般流程	（1）熟悉企业行政办公事务管理流程和基本方法。 （2）掌握企业文书管理技能及其要求和方法。 （3）掌握企业档案管理技能及其要求和方法

【案例引导】

　　如果你是某公司的文员，有一天公司领导李总经理收到一封措辞无礼的信，是由某个与公司交往较深的代理商写来的。李总经理怒气冲冲地把你叫去，要你写封回信，与这位代理商断绝一切交易和关系，并命令你立即将信打印寄出。你当时可以有以下几种做法：

　　（1）按照领导指示立即回到自己的办公室，将信打印寄走了。

　　（2）写完了信，想到自己是李总经理的助手，有责任提醒李总经理，为了公司利益得罪了领导也值得。于是对李总经理说："李总，这封信不能发，把它撕掉算了！"

　　（3）没有马上去写信，而是向李总经理提出忠告："李总，请您冷静一点！与对方断绝关系会产生什么后果呢？在这件事情上，我们难道就没有应该反省的地方吗？"

　　（4）当天快下班时，将打印好的信递给已经心平气和的李总经理："李总，可以将这封信寄走吗？"

讨论：
在上述情况下，你会选择哪种处理方式？为什么？

▶【知识储备】

第一节　办公室事务管理

　　现在正处于一个飞速发展的时代，社会价值取向日趋多元化，尤其是伴随着信息时代的到来，作为社会组织的一员，无论在企事业单位还是党政机关，人们在日常工作中都不得不与办公室发生着各种各样的联系；办公室这个古老而又现代的机构在一个组织中将扮演怎样的角色，将发挥怎样的作用，势必影响人们的工作和生活。在现代企业中，办公室事务从内容上都应归入企业行政管理范畴，企业行政事务管理在信息时代特定背景下，正在发生着内容与形式的深刻变化，这对未来企业行政管理人员的素质和技能提出了更高的要求。

特别关注

　　办公室这一机构并不是所有社会组织都设置的机构，尤其在中小型企业，研发、生产和销售等创造价值和利润的部门是企业机构设置的核心，办公室作为内部协调、辅助管理机构，往往被边缘化。但是，办公室工作在保障组织机构的有效运行与和谐发展方面，却发挥了实质性作用。办公室工作纷繁复杂，一定程度上既是折磨人的地狱，也是锻炼人的天堂。作为即将踏入职场的新人，认识办公室（或者办公室类机构）的工作内容、性质、特点，将有助于今后更加快速地适应环境，更加高效地开展工作。

一、办公室的基本功能

（1）从社会组织的整体看，办公室是管理工作的中心，处于枢纽地位。
（2）从社会组织的结构看，办公室是社会组织内部承上启下的联络部，处于中介地位。
（3）从社会组织的外部看，办公室是社会组织通向社会的门面，处于窗口地位。
　　枢纽、中介、窗口充分表明了办公室这一机构在组织的社会活动中所起到的重要作用。

二、办公室管理的范畴

　　办公室管理包括办公室的组织管理、办公室的人员管理、办公室自动化管理；文档管理包括归档、档案价值鉴定工作等；印章管理包括印章的规格和制度、印章的种类、印章的管理和使用。
　　一般来说，国内和国外对办公室事务管理的内容描述大同小异，但是表述有一定差异。

（一）我国办公室事务的主要内容

　　文书撰写、文书制作（打字、排版、复印等）、文书处理（收发、传递等）；档案管理（归档、管理等）、会议组织（准备、善后等）、调查研究（计划、实施等）、信息资料处理（收集、整理等）；信访工作（来访、投诉等）、接待工作（各种来访的接待工作）、协调工作（政策及部门之间的协调）、督查工作（决议的实施）；日程安排（各种日程）、日常事务（通讯值班）、办公室日常管理（环境布置等）、临时交办工作。

（二）国际秘书协会确定的办公室事务的主要内容

速记上司交代事项；执行录音吩咐；档案管理；阅读并分类信件；以电话维持公共关系；替上司确定约会并记录；按上司指示完成信函；在权限内自发信函；接待来访宾客；替上司接洽外界人士；自动处理例行的事务；为上司安排旅行或考察；替公司宾客订房间、机票等；准备好公司要公开的资料；替上司收集演讲等的资料；协助上司准备财务等报告；整理并组织好粗略的资料；替上司保管各种记录；协助上司搞好交税等事务；督导一般职员或速记员；搞好会务工作；复印资料。

【秘书职业，也可以高大上】

（三）我国外资、合资企业办公室事务的主要内容

办公室环境的布置和整理；通讯事务、电话、信函和邮件处理；执行上司交办事项；照料上司身边的琐事；接待宾客和员工的来访；记录上司指令及会谈、会议内容；打印文告及表格；收集及整理各种信息；保管办公室设备及用品；外出办事，如到银行、邮局、税务所等办理业务。

三、办公室管理的主要内容

（一）办公室环境管理

作为办公室工作人员，要对所处的自然环境加以合理的设计、控制和组织，使其达到最优状态。这些环境包括空间环境、视觉环境、听觉环境、空气环境、健康与安全环境。办公室环境布置的原则就是方便、舒适、整洁、和谐、统一和安全。

> **特别关注**
>
> 中国室内装饰协会环境检测中心公布的一组数据表明，我国每年由室内空气污染引起的死亡人数已达十几万人。另据统计，室内环境污染易引起呼吸道疾病、慢性肺炎、支气管炎，甚至肺癌。这其中，就包括办公环境的污染。
>
> 许多写字楼都不同程度地存在危害公共健康的污染，空气品质的问题及湿度的平衡、光照、通风状况和清洁程度都直接影响人们的健康。尤其在每年季节转换期间，对于那些在宽敞的密封型写字楼里工作的人来说，更是一种挑战。同样，办公室的环境也会直接影响员工的情绪。总之，办公室内如果存在环境污染的话，某种意义上比大气、水体、噪声等污染更为严重，它会降低人们工作的积极性，乃至影响工作效率、工作质量。

1. 环境布置要点

营造一个安静的工作环境；保证良好的采光、照明条件；合理安排座位；力求整齐、清洁。

2. 环境布置的一般原则

采用一个大间办公室；使用同一大小的桌子；档案柜应与其他柜子的高度一致，以增加美感；采用直线对称的布置；主管的办公区域需保留适当的访客空间；将通常有许多客户来访的部门，置于入口处；主管的工作区域位于部属座位的后方，以便于控制和监督；全体职员的座位应面对同一方向布置；常用的文件与档案，应置于使用者附近；应保持公

共空间和私人空间的独立;桌与桌之间应留有一米左右的距离;桌位的排列,应使光线从工作人员的左侧射入;最常用的办公物品应放在伸手可及的地方;计算机等办公自动化设备,应有其独立的空间,既要方便使用又不影响别人工作。

3. 办公室环境布置举例

(1) 办公室的视觉环境管理。

办公家具的选用:在办公用具的选用上,除了注意其实用和安全外,应尽可能使其规格、颜色、款式等和谐统一、风格一致、整齐划一,这样可以增强办公室的美观效果。

办公室的绿化:在办公室美化中,绿化是不可忽视的,因为绿化不但可以点缀和美化环境,也可以改变办公室周围的小气候,还会使人产生良好的视觉效应。

办公室的装饰:办公室里不宜有过多的装饰品,但适当悬挂或放置一些有品位的油画及工艺品,能改变办公室单调的气氛。需要注意的是,过于鲜艳的廉价作品,如低劣的绘画、明星烫印画等,只会使办公室显得浮躁和不雅。

【办公室环境布置举例】

(2) 办公室的听觉环境管理。

听觉环境指办公室所处的有益或有害声音。要尽量消除噪声的来源,用吸音的材料以减少噪声的影响,适量音乐的播放。

(3) 办公室的空气环境管理。

包括温度(最舒适并有益于健康的工作温度是15~20℃)、湿度(最适宜的湿度为40%~60%)、空气流通(注意新鲜空气的流通)、空气净化(包括打扫、擦净、上蜡与打光等)。

(二) 办公室物品管理

办公室物品管理包括物资分类、采购、领用管理等内容。

1. 分类

一般的办公室物资分为低值易耗品、文具类工具、实物类固定资产等。

2. 采购

无单独后勤管理部门的企业,原则上物资采购由办公室完成,特殊物资经单位领导同意,可由所需部门自行采购。

物资采购由办公室指定专门人员负责，具体方式有定点采购（在指定单位进行）、定时采购（每月、每季度或每年定期采购）、定量采购（保持物品对应的库存量）、特殊物品采购（根据部门需要，多方比较，择优采购）。

3. 领用

物品领用根据不同物品类别，申报不同层级领导审批同意，方可领用。一般的办公室物品领用申请单见表2-1。

表2-1 办公室物品领用申请单

领用日期： 年 月 日		部门：
物品名称	数 量	用 途
领用人姓名	职 务	
经理审核签字	总经理审核签字	

案例阅读

张某是某公司的仓库主管，公司引入企业资源计划（Enterprise Resource Planning，ERP）系统后，他将ERP数据录入的工作交给了自己的文员小王。为了衡量数据输入工作的绩效，张某在小王的绩效考核中增加了ERP数据录入准确率不小于98%和ERP数据录入及时率不小于95%（每收到入库、出库单后，2min内将信息录入ERP系统）两项指标。可是到月末考评的时候，张某犯愁了，因为小王每天往ERP录入的数据有几百条，一个月下来是上万条，数据统计与核对工作让他无从下手，该项工作的绩效也无法客观评价。

在该月的绩效总结会议上，张某向人力资源部提出了自己的问题。在人力资源部的协助下，张某调整了该项工作的绩效考核思路。两项指标更改为抽查ERP数据录入准确率不小于98%和抽查ERP数据录入及时率不小于95%（每收到入库、出库单后，20min内将信息录入ERP系统），自己每周会不定期抽查一次ERP数据的录入情况，每次抽查入库单10份、出库单10份，同时规定接口部门对数据录入的有效投诉也按不及时或不准确计算，检查结果和投诉记录都会记在绩效记录表上。这样每周张某只需要花半个小时的时间，检查下小王的工作，月末考核时只需要几分钟的统计，就可以计算出结果。更重要的是，通过抽查，张某可以及时发现问题，帮助和辅导小王工作，而不会再让小王觉得考核像是张某跟她秋后算账。

指标量化不是简单的弄出一个计算公式，如何得出公式中的每一个数值的事情，而是人们在指标量化时必须充分考虑的事情，"细节决定成败"。

（三）办公室电话管理

接听和拨打电话是办公室工作人员的日常工作之一，在接听和拨打电话过程中，要注意各种礼仪。

模块二　企业行政事务管理

案例分析

小林刚受了领导的批评，心情不好。这时办公室桌上两部电话同时响了起来，小林拿起一部，没好气地说："你好，华润公司，请讲。"

"我是周××，请转告刘助理，我明天上午9:00下飞机，叫她派车来接，同时带上编号TG××××的那份合同，我有急用。千万别忘了。"这个电话里的声音有些含糊不清，显然是用手机从远距离打来的。

另一部电话仍然在响。小林拿起电话："喂？""化工公司吗，我找李主任。""什么化工公司？"

"你们是生产肥料的嘉华化工公司吗？我找销售部李主任。"

"我们是华润公司，你打错了。"说完把电话重重地一挂。

一会儿，刘助理走过来问。

"小林，周副总有没有来过电话？"

"是叫周××吗？刚打来过。"小林想起了要通知刘助理的那个电话。

"他说了些什么？"刘助理问。

"他说要你接机，好像还要带份文件。"

"哪个航班，几点，哪份文件？"刘助理问道。"这个，我记不清了。"小林红着脸低下了头。

小林在接电话过程中存在哪些问题？如果你是小林，你会如何处理这两个电话？

分析：

（1）应控制情绪，面带微笑，温和礼貌地接电话。

（2）小林没有做好电话记录。

（3）在听不太清楚的情况下应让对方再重述一遍，或者再拨回去搞清楚，因为是领导交代的重要事情。

（4）第一个电话还未完成，也未向对方解释和抱歉就接了第二个电话，很不礼貌。

（5）不能粗暴对待打错的电话。不要说"打错了"就马上挂掉，而应礼貌地说"我想您拨错号码了"，再轻轻地挂上。

（6）要善于自制，正确对待领导的批评。不能将负面情绪带入工作中去，使工作状况更恶化，错上加错。

1. 接电话的礼仪

电话铃声响两遍后，应尽快去接，最好不要超过四声；听电话时要注意力集中，回答问题要有耐心和热情，不能用生硬、讨厌、冷淡的语调说话；接到打错的电话时，应该说："您好，这里是××公司，电话是××××××××，您是不是打错了？"，而不应该说"你打错了！"，就"啪"的一声挂上电话；电话交谈完毕，应尽量让对方先结束对话，若的确需要自己来结束对话的，则向对方解释、致歉；通话结束后应等对方放下话筒后，再轻轻放下话筒，以示尊重。

2. 打电话的礼仪

选择适当的时间。通话时，首先通报自己的姓名、身份，必要时，应询问对方是否方便，如果方便才可继续交谈；若不方便，可再约定一个时间。电话内容要简明扼要，通话时间不能太长。拨错电话时，要向对方说声"对不起"，以表歉意；电话打通后，若要找的人不在，不能马上就"咔嚓"挂掉电话，这是不礼貌的。通话结束时应说声"再见"，然后轻轻地放下话筒。

另外，对电话中的重要信息，要及时记录，以便备查。一般的电话记录表见表2-2。

表 2-2　电话记录表

来电时间	来电单位	显示号码	来 电 人	接 听 人	联系事宜	处理意见

3. 应对不同类型电话的处理方法

（1）接听重要的电话：记录要准确；及时核对；及时处理。

（2）当领导开会时，处理电话可采取的方式：转告对方会议预定在几点结束；询问是否由自己这方回电；遇有急事，可用便条与会议室联系，请求指示。

（3）当领导会客时，处理电话可采取的方式：最好先请示一下；如果领导不在单位时，原则上或请代理人接，或请对方留言。

（4）接听恐吓电话：要镇定，并做好录音工作。

（5）接到上司不想接的电话：作为为上司服务的文职人员，为保证上司集中精力处理一天重要的事务，对于上司不愿接的电话，应灵活应对，恰当把握讲话的分寸，按上司的意图妥善处理。如果对方在电话中提出的问题，办公室人员有权处理的，则无须转给上司，自己予以处理。例如，"经理正在开会，您的事或许我可以帮忙。""经理出去了，要不我帮您查查那份资料？"

针对相关职能部门处理的电话，对方提出的问题要由相关职能部门解决的，如来电购买商品、反映产品质量、推销产品等，你可以将电话转给职能部门，或告知对方职能部门的电话、负责人姓名，请对方直接和职能部门通话联系。例如，"订购产品问题是由销售部门负责的，是否要将您的电话转过去？"

（四）办公室值班管理

1. 办公室值班工作的主要内容

（1）值班日志：外来的信函、电报、反映情况、外来的电话等。

（2）接待记录：来访人员的姓名、单位、来访事由、联系方法等。

（3）电话记录：来电时间、来电单位、来电人员姓名、来电内容。

2. 值班工作的主要任务

信息传递；接待来访；承办临时事项；突发性事务的处理；确保组织的安全；编写值班材料。

3. 值班管理的相关表格

值班管理的相关表格分别见表 2-3～表 2-5。

表 2-3　值班记录表

值班时间	年　月　日　　　　星期
值班人员	
值班记录	
备　　注	

表 2-4　来访登记表

来访人姓名		来访人单位	
接待时间	年　月　日　时　分至　　年　月　日　时　分		
内　　容			
拟办意见			
领导意见			
处理意见			
值班人签字			

表 2-5　外来人员登记表

序号	姓名	性别	单位	乘坐车辆	携带物品	办理事项	进入时间	出门时间	备注

(五)办公室印信管理

1.印章的种类

印章分为正式印章、套印章、专用印章、钢印、个人名章(或领导签字章)、戳记等。印章的作用为:标志作用、权威作用、法律作用、凭证作用。

办公室掌管的印章主要有3种:一是单位印章(含钢印);二是单位领导人"公用"的私章(或者领导签字章);三是自己所在部门的公章。

印章图例如图2.1和图2.2所示。

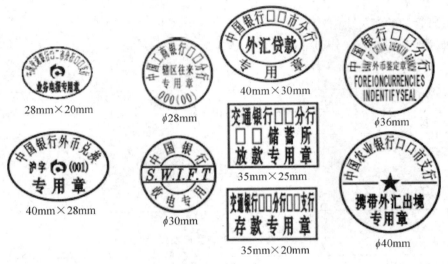

图2.1 印章图例一

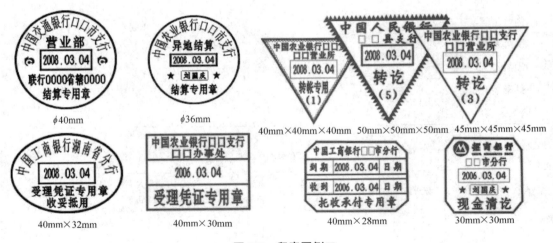

图2.2 印章图例二

2.印章的刻制

刻制印章时,须由本机关提出申请,报经上级主管领导机关审核批准。报批时,须将上级主管机关同意本组织成立的批文,按有关规定预先拟好的印章式样、尺寸、印文、图案等一并上报。批准后,再到组织所在地的公安部门办理登记手续,然后到公安部门指定的专门的刻章单位刻制。

3. 印章的颁发

印章刻制后,一般由下级单位派专人持本单位领导人签名的介绍信前往领取,也可以由上级主管机关派专人送到受印单位。领取时,颁、领双方应当面验章,并严格履行登记、交接等手续,然后由颁发机关将印章密封和加盖密封标志,再交给领取人带回。领取人接回印章后,要及时向组织领导汇报,经领导验证后,根据领导的指示交给印章管理人员验收管理。

4. 印章的启用

印章启用时,应由制发或批准刻制机关先颁发启用通知,并附上印模。如由新印章取代旧印章,启用新印章后,旧印章同时作废。印章启用时,使用的组织应将印模和启用日期一并报上级机关备案,而且都必须立卷归档,永久保存。

注意:在正式印章启用通知所规定的生效日之前,印章不得使用;即使使用,也是无效的。

5. 印章的保管

印章必须由单位的领导指派专人负责保管和使用,严禁擅自使用或外借。妥善保管印章应用专柜保管,使用印章应即取即用即收。印章如果丢失要立即报告公安机关备案,并以登报或信函等形式通知有关单位,声明其遗失或作废。

6. 印章的使用

严格履行用印批准手续;严格监督用印;严格执行用印登记制度;认真盖好印章(盖印要讲究质量,印章要盖得端正、清晰;印章应上不压正文,下要骑年盖月;加盖钢印时,应注意不得将钢印加盖在照片人的头部或脸上,以免影响辨认效果);在办公室用印(一般情况下,管印人不能将印章带出机关或单位,在办公室以外地方用印)。一般的企业用印审批表见表2-6。

表2-6 企业用印审批表

编号_____ 时间_____

经办人		所在部门	
文件名称			
用印类别		份 数	
部门领导审核			
单位领导审核			
备 注			

7. 印章的停用

停用印章时,应发出停用印章通知书,告知正式停用日期。清查被停用印章,及时办理停用印章的登记、上交、清退、处理、销毁等工作。单位公章可根据上级主管机关的意见上交,保存或销毁;领导个人的签名章、私章等可退还给本人,可办理交接手续。

> **注意**
> 原有印章停用而使用新印章的，可随新印章启用文件一并发出通知，并附新、旧印章的印模样式和说明文字。

（六）介绍信的使用与管理

介绍信是用来介绍被派遣人员的姓名、年龄、身份、接洽事项等情况的一种专用书信，具有介绍和证明双重作用。一般单位介绍信采用固定格式，按照具体要求规范填写即可。

介绍信管理应严格而细致，并注意以下问题：

（1）要有一定的审批手续。
（2）内容填写应真实、清楚。
（3）介绍信开出后，若因故未使用，应说明原因，立即退回，并将其粘贴在原存根处。
（4）非经主管领导批准，严禁开空白介绍信。
（5）发放介绍信要进行登记，领用人要履行签字手续。

第二节　企业文书管理

文件制作和收发是办公室日常工作的重要部分，企业文书处理有着严格的规定，各个企业可以根据自身发展和实际工作需要，制定相关的办法。从这个意义上说，公文处理的相关规定和流程对企业文书处理具有相当的指导意义。

一、企业文书的概念

企业文书是企业为日常生产经营活动的顺利开展而拟订的文书。需要指出的是，企业日常应用文书中有一部分是业务专用文书，如业务函件（询价单、报价单）、订单（信用单、结账单）等，这些文书都是由专业业务部门操作和实施的，其拟制与办理过程有其特殊性和专业性。本节主要针对企业部门日常使用较多的文书进行阐述。

> **知识拓展**
> 公文文书不同于一般的企业文书，公文文书是党政机关实施领导、履行职能、处理公务的具有特定效力和规范体式的文书，是传达贯彻党和国家方针政策，公布法规和规章，指导、布置和商洽工作，请示和答复问题，报告、通报和交流情况等的重要工具。公文文书处理工作是指公文拟制、办理、管理等一系列相互关联、衔接有序的工作。

二、企业文书管理的内容

参照党政机关公文管理相关文件的办法，企业文书管理同样包含文书拟制、文书办理、文书管理等环节，但是相对公文文书而言，企业文书管理的应用性更加突出，服务日常经营活动的目的更加明显。

（一）企业文书的拟制

企业文书拟制包括文书的起草、审核、签发等程序。

（1）企业文书起草要参照公文起草相关要求，高标准、严要求，要符合国家法律、法规和党的路线方针政策，从实际出发，切实可行，文种正确，格式规范，主旨突出，结构严谨，表述准确，文字精练，并注意调查研究和论证。

（2）为提高工作效率，尤其在非国有企业，审核文稿前可以略去初审步骤，专业文书由相关职能部门根据实际需要审核，一般文书由办公室负责人审核。

（3）企业文书的签发，由单位主要负责人或业务主管负责人完成，涉及多个部门或者多头分管的，由相关负责人会签。

（二）企业文书的办理

企业文书与公务文书一样，其办理包括收文办理、发文办理和整理归档。下面主要阐述收文办理与发文办理过程。

1. 发文办理

（1）复核。已经签批的企业文书，印发前应当对文书审批手续、内容、文种、格式等进行复核；需做实质性修改的，应当报原签批人复审。

（2）登记。复核后的企业文书，应当确定发文字号、分送范围和印制份数并详细记载。

（3）印制。企业文书印制要讲究质量和时效。涉密文书应当在符合保密要求的场所印制。

（4）核发。文书印制完毕，应当对其文字、格式和印刷质量进行检查后分发。

2. 收文办理

（1）签收。对收到的文书应当逐件清点，核对无误后签字或者盖章，并注明签收时间。

（2）登记。对收到文书的主要信息和办理情况应当详细记载。

（3）初审。公文办理程序规定，对收到的公文应当进行初审，即是否应当由本机关办理，是否符合行文规则，文种、格式是否符合要求，涉及其他地区或者部门职权范围内的事项是否已经协商、会签，是否符合公文起草的其他要求。经初审不符合规定的公文，应当及时退回来文单位并说明理由。但是在企业文书办理过程中，初审环节不是文书办理的重要内容，故可以从简。

（4）承办。阅知性文书应当根据内容、要求和工作需要确定范围后分送。批办性文书应当提出拟办意见报本机关负责人批示或者转有关部门办理；需要两个以上部门办理的，应当明确主办部门。紧急文书应当明确办理时限，承办部门对交办的文书应当及时办理，有明确办理时限要求的应当在规定时限内办理完毕。

（5）传阅。根据企业相关负责人批示和工作需要将文书及时送传阅对象阅读或者批示。传阅时应当随时掌握公文去向，不得漏传、误传、延误。

（6）催办。及时了解掌握文书办理进展情况，督促承办部门按期办结；紧急或重要文书应当由专人负责催办。

（7）答复。文书办理结果应当及时答复来文单位，并根据需要告知相关单位。

第三节　企业档案管理

企业在日常运营过程中，每天都会产生许多的文件，这些文件中，有的在完成了特定的工作之后就失效了，即失去了它的作用，可以进行销毁，但是有些文件在今后的工作中还会具有极高的利用价值和重要的参考价值。这就要求企业对文件进行甄别、归档和保管，以利于今后的检索利用。

> **案例阅读**
>
> 7月4日，室外明晃晃的阳光让人倍感焦灼，而对于刚从湖南省岳阳市××区人民法院第一法庭走出来的游某来说，却是难得的轻松，拿着到手的判决书，长久压在心口的石头终得以放下。
>
> 这事要说还得从1981年6月说起。原告游某与被告岳阳某公司建立劳动关系，1996年被告单位内部体制改革，发现原告游某的人事档案丢失，因此游某无法安置工作。游某多次找到被告要求安排工作，但都被"找到档案以后再说"等理由推迟。2001年，被告公司有一批职工协议解除劳动合同，被告与原告游某协商解除劳动关系，补偿原告9万余元，游某无奈下只得同意。但劳动关系解除后，原告游某的生活、工作都出现危机。其妻子顶不住压力自杀，游某只能自己带着12岁的孩子艰难度日。
>
> 2010年2月，游某向岳阳市劳动争议仲裁委员会申请仲裁，经裁决确认了游某与被告自1981年6月至2001年7月存在劳动关系。但这并没有给游某的生活带来多大改变。
>
> 2012年4月，游某到××区人民法院提起诉讼，要求被告赔偿其经济损失及精神抚慰金共35万元。××区人民法院受理此案后多方查证，认为人事档案是劳动者就业资格、缴纳社会保险、享受相关待遇应具备的重要凭证。此案中，被告因自身管理不当，丢失游某人事档案，继而给游某的生活、工作造成负面影响，理应承担相应的赔偿。为尽可能圆满解决该案，法院多次组织双方就赔偿数额进行调解，但因原告经济损失及精神抚慰金等难以确定，双方一直无法达成一致。调解未果后，为尽快化解该人事争议纠纷，秉着公平公正公开的原则，××区人民法院结合原告游某和被告的实际情况，依法做出了一审判决，由被告一次性赔偿原告游某损失24.8万元，并限在判决生效后10天内付清。至此，拖沓多年的问题终得以顺利解决，游某也终于在这酷热的7月获得一丝内心的清凉。
>
> （资料来源：刘幸昀. 用人单位遗失档案　法院判决依法赔偿[EB/OL].https://www.chinacourt.org/article/detail/2012/07/id/531547.shtml，有改动）

企业档案是企业信息资源的重要组成部分，是关系企业业务发展、人事配置、福利待遇等方面的重要历史记录。企业档案必须由专人管理，规范操作。

> **知识拓展**
>
> 根据《中华人民共和国档案法》规定，档案是指"过去和现在的国家机构、社会组织以及个人从事政治、军事、经济、科学、技术、文化、宗教等活动直接形成的对国家和社会有保存价值的各种文字、图表、声像等不同形式的历史记录"。针对企业而言，涉及的档案包括文书档案、科技档案、专门档案等。

企业档案管理工作就是由企业相关业务部门直接对档案实体和档案信息进行管理，并提供利用服务的各项业务工作的总称。企业档案管理工作是企业行政管理的重要组成部分。

模块二　企业行政事务管理

一、企业档案的归档媒介

文件在失去现时的效用后,有的要进行销毁,有的对今后的工作还将具有参考价值。对这类文件,企业的相关职能部门就要进行归档,即按照一定的顺序排列并进行妥善保管,利于查用。

现代社会,企业档案的归档存储媒介包括以下4种类型。

(一)纸媒

作为使用历史最悠久的档案载体,纸质媒介在企业档案管理中依然占据了重要位置,在办公室自动化出现后提出的"无纸化办公室"时代,它还是不能完全被废除的。纸质档案的归档整理有一套严格的国家标准,程序规范,操作严谨,一般存放于牛皮纸盒中,盒外及盒内文件都标有规范的标签。

(二)磁性媒体

磁性媒体是发展最为迅速的媒介之一,常见的有软盘、磁带、硬盘等。

(1)软盘目前基本淘汰了,因为容量十分有限,保存也不是很便利。

(2)磁带读取和查找速度慢,设备组建费用很高;保存条件较为苛刻,反复读写和擦写次数相对有限,存储容量相对有限。磁带目前在服务器专业数据的保存上还有使用。

(3)硬盘是目前磁性存储的主流,容量大,价格相对较低,保存也较为方便,匹配计算机的兼容性较好。目前硬盘可分为机械式硬盘和固态硬盘(Solid State Disk/Solid State Drive,SSD)。机械式硬盘即是传统普通硬盘,主要由盘片、磁头、盘片转轴及控制电机、磁头控制器、数据转换器、接口、缓存等几个部分组成。固态硬盘也叫电子硬盘或者固态电子盘,是由控制单元和固态存储单元(DRAM或FLASH芯片)组成的硬盘。固态硬盘的接口规范和定义、功能及使用方法上与机械式硬盘相同,在产品外形和尺寸上也与机械式硬盘一致。由于固态硬盘没有机械硬盘的旋转介质,因而抗震性极佳。

(三)光盘媒体

光存储是计算机脱机存储大容量数据的方案之一,光盘是最常见的形式。

光盘存储器分为只读光盘存储器(CD-ROM,只能写入一次)和可擦光盘(有DVD-RW、DVD-RDL、CD-RW,容量分别为4.7GB、8.5GB、700MB左右)。

（四）缩微图像媒体

缩微胶卷或缩微胶片在档案长期保存过程中还发挥着重要作用。

二、企业档案的归类

企业档案和图书馆的图书一样，档案被放在固定的地方之后，就要及时为其建立地址信息，方便利用者快速便捷地找到需要的档案。

企业档案管理的分类方案主要有以下3种。

（一）字母排列的方式

根据文件的主题，对文件进行归类，主题之间的排列根据字母的先后顺序进行。一种方式是同类主题的文件都存放在一起，方便查找，但是在鉴别阶段，对文件主题的确定有时存在疑义。另一种方式是根据文件产生地分类，按照国家、省（市）、地（县）的等级归类，相同的地区放在一起，同一地区的文件可以再按照不同主题（不同问题）进行分类。企业有不同地区业务板块的业务，适合用这种方法进行归档。

（二）数字分类的方式

数字分类的原理和上述字母排列分类一样，针对不同主题赋予不同的数字，如"50.23"中5表示单位的宣传部门、0表示广告、2表示报刊、3表示具体的报刊。

> **注意**
>
> 一般来说，针对案卷内的文件，统一采取按日期排列的方式，使用和检索都较为方便。

（三）字母和数字结合的方式

按照《归档文件整理规则》（DA/T 22—2015）规定，企事业单位的档案分类要设置不同的分级类目，如"A03-01"中A是指公司行政文书、03是指公司内部文件、01是指公司会议纪要。这种方案在企事业单位中运用较多，对组卷和查用都较为方便。

三、企业档案的检索利用

企业保存档案的最终目的是检索利用，利于今后工作的开展。所以，怎么对企业内部内容迥异、形式多样的文件进行索引编制，是需要谨慎对待的问题。

索引的编制可以根据企业不同的实际情况，同时也要遵循已经形成和建立的索引编制方法。一般的索引编制方法有人名索引、单位名称索引、政府部门名称索引等，应当注意的是所有名称都要注意规范，使用汉语全称，按首字母顺序排列。企业一般都使用电子信息录入的方法，提高检索效率。

四、信息化及安全对策

计算机的使用对档案管理的效率提升和管理水平提升，起到了巨大的促进作用。随着计算机技术的进步，"电子档案"概念应运而生，它具有操作方便、传递快捷、存储空间小、表现形式多、信息不易丢失等优点。但是电子文件和电子档案也有其缺点，如安全隐患、对设备的依赖、非直读性等。针对此，我国专门制定了《电子文件归档与电子档案管理规范》（GB/T 18894—2016），对电子文件管理进行了统一和规范。

目前，电子文件不安全因素表现为：技术与环境因素，包括数据丢失、病毒侵害、氧化变质、物理损伤、载体霉变、信道泄露、传输失密、意外灾害、温湿度影响等；人为因素包括人为破坏、入侵、泄密、篡改、黑客犯罪行为等。

为防止企业电子档案信息泄露或被非法使用，企业行政管理部门联合技术保障部门应要加强对电子档案信息的管理，主要是强化安全管理制度建设和安全管理技术保障。对信息安全管理的机构、人员、经费、制度等要落实到位；对物理安全、主机安全、应用安全、网络安全、数据备份等技术管理应做到层层把关，严格操作。

> **案例阅读**
>
> 某公司文书管理办法
>
> 1. 文书管理内容
> 包含收取文件及制发文件。
> 2. 文书种类
> 外来文件包含公文、电报、传真资料等项。内部制发文件包含本公司内部文件和对外业务文件。
> 3. 收文
> （1）外来文件收文由公司总务部收发室承办（直接寄到各部门的文件由各部门管理单位收文）。
> （2）外来文件收文时，由收发室登记入《收发文登记簿》。
> （3）内部制发文件收文时，由各部门编号及填写《公文会签单》后，送收发室登记入《收发文稿登记簿》。
> 4. 制发
> 填写《发文呈批单》，编列文号并填写《公文会签单》，注明本案应会签部门后送总公司收发室登记处理。
> 5. 分文
> （1）收发室收文登记后，根据业务性质分送各有关部门处理。
> （2）内部发文呈批单进行收文登记后，根据文件内容性质分送有关单位会签处理。
> 6. 会签
> （1）各单位收到需参与会签的呈批件时，须贯彻本单位的职责，认真表达对草案的意见，并尽量提供相关资料供企划单位参考。
> （2）公文会签后，再依《公文会签单》内所指定会签顺序，转送其他会签单位，若本单位为最后一个会签单位，则处理后将本呈批件转送秘书室处理。
> 7. 审核
> 秘书室根据各单位签办理意见，汇总整理出一个结论（若各部门意见不一致，则需由秘书室居间协调送交经理核定）。
> 8. 批示
> 总经理或其他被授权批示者做最终的肯定、否定等批示，并签字。
> 9. 执行
> （1）秘书室根据总经理批示内容将公文影印1份送执行单位办理，公文正本送收发室归档存查。
> （2）需对外发文时，应由收发室打印、盖章、封装、寄发，呈批件原件和打印件两份留档存查。寄发文件前须填写《收发文登记簿》。
> 10. 归档
> （1）任何签呈正本需交由总务部（科）归档存查。

（2）若执行单位必须使用正本时，可暂时借出使用后归还，若正本必须寄出且无法取回，可存档复印件。

（3）存档文件普通件保存3年，机密保存10年，届时列表报准监销。

11. 公文机密等级及处理规定

（1）普通件：公关方式处理。

（2）密件：须由子公司部门领导人以上人员核阅处理。

（3）机密件：须由公司部门或子公司领导人总经理级以上人员核阅处理。

（4）极机密件：须由部门经理级以上人员核阅处理。

（5）各级人员处理密件资料时，须严守秘密。因泄密而造成损害，由泄密人员负责并接受处分。

（6）密件文件递送时，应以信封袋加密封装，寄件人及收件人拆阅时，均须在登记簿上签名。

12. 公文处理时限

（1）特急件：随到随办。

（2）急件：1天内处理完毕。

（3）普通件：3天内处理完毕。

（4）超过处理时限的文件，由秘书室催办。

（5）各级审核人员及会签人员均需在公文签呈上签名并标示日期，以明确责任。

能力训练

训练一

任务：请以上课的教室为场所，模拟设计一下办公室格局布置简图，并说明设计及布置的依据。

目标：深入了解办公室的基本功能。

能力点：办公室环境、物品、电话、值班、印信管理。

实施步骤：

（1）以4人为一个小组，查阅资料，调查研究，制作PPT交流课件。

（2）分小组汇报设计成果，并说明理由。

（3）教师小结，每位同学写出实训报告及总结。

训练二

任务：以小组为单位，查阅党政机关公文拟制的相关格式要求，模拟制作电子版企业文书的首页和尾页格式，并标注出相关格式的正确数据。

目标：深入了解企业文书内容、格式。

能力点：有效收发、管理企业文书。

实施步骤：

（1）规定3人或4人为一个小组，查阅相关资料（党政机关公务文书格式规范）。

（2）根据格式要求，制作首页格式及尾页格式（包括用印格式）。

（3）采用课件形式汇报交流，并说明格式排版需要注意的重点在哪里。

训练三

小陈是某机关办公室的秘书。有一次他正在办公室办公，突然电话铃声响起。此时，陈秘书正在整理文件，停了一会儿才拿起话筒问道："请问您找谁？"对方回答说找老刘，陈秘书随即将话筒递给邻桌的刘秘书说："刘秘书，您的电话。"没想到，刘秘书接到电话没讲几句，就和对方吵起来了，最后刘秘书大声说道："你今后要账时先找对人再发火。这是办公室，没有你要找的那个刘某某！"说完就挂断了电话。

原来，这个电话是打给宣传科刘某某的，结果打到了办公室，而对方只是含糊地说找老刘，小陈误以为要找刘秘书，结果造成了这场误会。

问题：

陈秘书受理电话时错在哪里？

训练四

微软公司刚创办时基本上都是年轻人，这些人搞业务、搞推销都是一把好手，可是处理内务、管理方面的杂事都缺乏耐心。

一次，为了接待即将来访的惠普公司人员，比尔·盖茨才在 Y 市中心租了一套 4 个房间的办公室，可里边还是空荡荡的。比尔·盖茨动员大家连夜去寻找办公用品，自己则亲手安装终端设备。可这些，对于他的第一任秘书——一个年轻的女大学生来说，似乎并不是她分内的工作，她那一副不闻不问的样子让比尔·盖茨大伤脑筋。他深切地感到，对公司这些风风火火的年轻人来说，应该有一位热心肠、事无巨细地把后勤工作都能揽下来的总管式女秘书，不能总让这方面的事来分他们的心。

不久，比尔·盖茨在自己的办公室约见了负责人力资源的伍德，问他需要的女秘书找到了没有。伍德一连交上几个年轻女性的应聘资料，比尔·盖茨看后都连连摇头。他看中女秘书的干练、稳重，而对花瓶式的年轻女性没兴趣。"难道就没有比她们更合适的人选了？"比尔·盖茨失望地责问伍德。

伍德犹犹豫豫地拿出一份资料递给比尔·盖茨："这位女士做过文秘、档案管理和会计员等不少后勤工作，只是她年纪太大，又有家庭拖累，恐怕……"不等伍德说完，比尔·盖茨已看完了这份应聘资料，丢下句"就是她了"后扬长而去。

就这样，比尔·盖茨的第二任女秘书——42 岁的露宝上任了。她是 4 个孩子的母亲，出来应聘时并没有寄予太大的希望，在长年操持家务后她希望重新走向社会，重新追寻自我的价值。

露宝刚进公司时觉得这个公司的气氛有点古怪：一般公司请秘书一定要年轻漂亮、身材苗条的女士，而自己这么大的年龄居然得以录用，真是令人不可思议。几天后的一个早上，露宝坐自己的位置上看到一个男孩直闯董事长的办公室，经过她面前时只是打了一声招呼，像孩子对待母亲似的那么自然，然后摆弄起办公室的计算机。因为先前伍德曾特别提醒她，严禁任何闲人进入比尔·盖茨的办公室操作计算机，所以她立刻告知伍德说有小孩闯进了董事长的办公室。伍德表情淡漠地说："他不是小孩，他是我们的董事长。"

"什么，他就是比尔·盖茨？"

"没错。"

露宝回到自己的办公室，愣了几分钟还是不死心，又跑去问伍德："对不起，请问他几岁了？"

"21 岁。"

许多竞争对手就是被这个外形清瘦、头发蓬乱，还带着头皮屑的大男孩所迷惑。露宝也不例外，她在想：一个给人印象如此稚嫩的董事长办公司，遇到的困难恐怕很多吧。她以一个成熟女性特有的缜密与周到，考虑起自己今后在这家公司应尽的责任与义务。一些日子后，露宝发现比尔·盖茨的行为颇异于常人。他通常是中午到公司上班，一直工作到深夜。假如偶然要在第二天早上会客，他就在办公室睡到天亮。比尔·盖茨睡觉的习惯很独特，他从不在床上睡觉，累了的时候，只要拉一条毛毯盖在头上，不管何时也不管环境如何喧闹，他总能马上进入甜甜的梦乡。细心的露宝就适时为他准备毛毯，特别是出差的时候，无论时间多紧张，比尔·盖茨想睡觉时总能随手拉出毛毯。关心比尔·盖茨的起居饮食，成了露宝日常工作的一项重要内容，这使比尔·盖茨感到了一种母性的关怀和温暖，减少了远离家庭而带来的种种不适。

露宝把微软公司看成一个大家庭，她对公司的每个员工、每份工作都有一份很深的感情。很自然，她成了微软公司的后勤总管，负责发放工资、记账、接订单、采购、打印文件等工作，这引得周围好多人的羡慕。然而，此时的她却有了新的苦恼。每天早上 9 点左右，清洁工会进入微软公司进行清理工作。有一天，一位软件工程师突然从办公室里嚷着冲出来，板起脸孔问露宝有没有把他的程序扔掉。露宝莫名其妙地问："没看见什么程序呀！"经过仔细询问，方知是清洁工误把这位软件工程师放在电脑旁、写在废纸上的一叠程序当作垃圾给扔了。这位工程师懊恼不已，那可是他的灵感之作呀。这件事后，露宝定了制度：在微软公司的办公室，清洁工只能清除垃圾桶里的东西，其他地方的东西一律不准移动。可是问题又来了，程序设计师喝完饮料的空罐随手扔在电脑旁或桌子角，清洁工也不敢去碰。没过多久，办公室里空罐堆积如山。露宝又得向清洁工解释：哪些东西是有用的，不可以碰；哪些东西是垃圾，应该清除。

露宝成了公司的灵魂，给公司带来了凝聚力，比尔·盖茨和其他员工对她都有很强的信赖心理。当微软公司决定迁往 X 市，而露宝因为丈夫在 Y 市有自己的事业不能走时，比尔·盖茨对她依依不舍，留恋不已。比尔·盖茨和伍德联名写了一封推荐信，信中给露宝的工作能力以很高的评价。露宝凭着这封推荐信，重找一份工作不成问题。临别时比尔·盖茨握住露宝的手动情地说："微软公司为你留着空位，随时欢迎你来！" 3 年后，X 市的浓雾持续不散，因需得力人手而心情难舒的比尔·盖茨独坐在办公室发愁。

这时，一个熟悉的嗓音伴着一个熟悉的身影来到他的面前："我回来了！"

是露宝！她先是一个人从 Y 市来到 X 市，后又说服丈夫举家迁来。

露宝一直无法忘掉和比尔·盖茨相处的日子。她对朋友说："一旦你和比尔·盖茨共过事，就很难长久离开他。他精力充沛，平易近人，和他共事可以无忧无虑，很开心！"

是的，比尔·盖茨从露宝那里得到了信赖，露宝则从比尔·盖茨那里得到了尊重。相辅相成，唇齿相依，成了微软公司一道独特的风景。

问题：
你从上面的故事中学到什么？

思考与练习

（1）办公室环境设计与美化中，需要考虑的因素有哪些？
（2）信息化时代的到来对办公室事务管理有什么新的更高的要求，办公室人员应如何适应？
（3）企业文书管理与党政机关文书管理相比，有何异同之处？
（4）在信息化条件下，企业档案管理对工作人员有何新的要求？

附：

磁性载体档案管理与保护规范（节选）

1. 范围

本标准规定了对磁性载体文件的积累、归档要求和磁性载体档案的管理、储存与保护等诸环节的要求。本标准适用于机关、团体、企事业单位的磁性载体文件和磁性载体档案的管理与保护。不适用于计算机光盘、激光视盘和激光唱盘。

2. 引用标准

下列标准所包含的条文，通过在本标准中的引用而构成为本标准的条文。在标准出版时，所示版本均为有效。所有标准都会被修订，使用本标准的各方应探讨、使用下列标准最新版本的可能性。

GB 1989—80 信息处理交换用七位编码字符集在 9 磁道 12.7mm 磁带上的表示方法

GB 7309—87 盒式录音磁带总技术条件

GB 7574—87 信息处理－信息交换用的磁带标号和文卷结构

GB 8566—88 计算机软件开发规范

GB 8567—88 计算机软件产品开发文件编制指南

GB 9385—88 计算机软件需求说明编制指南

GB 9386—88 计算机软件测试文件编制规范

GB 9416.1—88 信息处理数据交换用 130mm 改进调频制记录的位密度为 7958 磁道翻转／弧度、道密

度为1.9道/毫米的双面软磁盘第一部分：尺寸、物理性能和磁性能

　　GB 11956—89 高速复制录音磁带

　　GB/T 14306—93 VHS盒式录像磁带

　　GB 14307—93 录像磁带性能测量方法

3. 定义

本标准采用下列定义：

3.1　磁性载体文件系指以磁性材料（如计算机磁带、软磁盘、录像带、录音带）为信息载体的文件。

3.2　磁性载体档案

磁性载体档案系指国家机构、社会组织和个人在社会活动及科学实践中直接形成的有保存价值的磁性载体文件。

3.3　软件

软件系指计算机程序和相应的数据及其他文件，包括固件中的程序和数据。

3.4　软件文件

软件文件系指软件的书面描述和说明。它规定了软件的功能、性能、组成及软件设计、测试、维护和使用方法。

3.5　保管单位

保管单位系指一组具有有机联系的、价值和密级相同或相近的文件材料的集合体。本标准规定的保管单位形式为盒、盘等。

4. 积累

4.1　磁性载体文件的积累工作由文件形成部门负责，确保积累文件内容的完整性、准确性。档案部门负责监督、检查、指导。

4.2　磁性载体文件应一式两份，与相应的纸质文件同时积累并进行登记。

4.3　磁性载体文件形成部门对已形成的磁性载体文件应同纸质文件一样及时整理，同一盘（带）中存放多份文件的应建立磁性载体文件目录清单（格式见附表1）。

4.4　软件文件的积累范围是软件生存期各阶段形成的文件，各阶段形成的文件执行GB 8566—88、GB 8567—88、GB 9385—88和GB 9386—88的有关规定。

4.5　磁性载体文件的更改单、版本更新通知都应积累、登记。

5. 磁性载体文件的归档要求

5.1　磁性载体文件形成部门负责对需要归档的磁性载体文件进行整理、编辑，根据本单位情况，待项目结束后将磁性载体文件按照GB 1989—80、GB 7574—87和GB 9416.1—88转换成标准格式，一式两份（A、B盘），及时向档案部门移交归档。

5.2　归档的磁性载体文件必须是可读文件。必须在有关的设备上演示或检测，运转正常，无病毒，清洁，无划伤，确保文件的完整性和内容的准确性。

5.3　归档使用的录音（像）带、软磁盘的性能质量，应分别符合GB 7309—87、GB 9416.1—88、GB/T 14306—93的规定。

5.4　同一项目同一类别的磁性载体文件应存储在同种磁性载体上。

5.5　应将4.3中建立的磁性载体文件目录清单与磁性载体档案一同归档。

5.6　归档的磁性载体文件应由文件形成部门编制归档说明。

5.6.1　磁带（软磁盘）需简要说明带（盘）中存储文件的内容、运行的软、硬件环境、版本号、文件的完整性和准确性等。

5.6.2　录像片需简要说明该片的内容、制式、语别、密级、规格和放映时间。同时，还应归档一套可供借阅的备份录像片。

5.6.3　录音带需简要说明讲话内容、讲话人姓名、职务、录制日期、密级等。

6. 磁性载体档案的管理

6.1 磁性载体文件的归档工作应执行国家、单位的有关规定和本标准规定。

6.2 磁性载体文件的归档与管理工作应遵循集中统一、确保安全、便于利用的原则,由各单位的档案部门归口管理。

6.3 磁性载体文件管理应重视磁性载体的选择,禁止使用劣质磁盘、磁带、录像带、录音带作载体。

6.4 严格做好磁性载体档案的保密工作。

6.5 应将5.1中归档的一式二份磁性载体档案中的一份作为保存件,不得外借。

6.6 各级档案部门应建立磁性载体档案的借阅制度,严格审批借阅审批手续。

6.7 借阅和归还磁性载体档案时,按规定进行质量检查、验收。

6.8 归档的磁带(软磁盘)必须贴上标签。

6.8.1 磁带(软磁盘)套、盒上需标注带(盘)编号、档号、软件名称、版本号、文件数、密级、编制人、编制日期等标识。

6.8.2 录像带盒上需标注带编号、档号、片名、放映时间、摄制单位、摄制日期、规格、制式、语别、密级等标识。

6.8.3 录像带盒上需标注带编号、档号、讲话人姓名、职务、主要内容和录制日期、密级、讲话时间等。

6.9 在储存磁性载体档案的同时,应保存有关磁性载体档案的文字资料,内容包括:写操作日期、系列号、文件号、记录密度模式、当前目录、状态、生产者鉴定、使用日期及其他一些需要著录的内容。不得用铅笔或水溶性墨水书写。

7. 磁性载体档案储存与保护

(略)

附表1 磁性载体文件目录清单

盘带号:

序 号	文 件 名	题 名	档 号

附表2 磁性载体档案检测、保养卡序号时间检测机型信息记录

序 号	时 间	检测机型	信息记录格式	检测项目	结 论	操作人

注：企业档案管理其他参考标准

中华人民共和国国家标准 GB/T 18894—2016《电子文件归档与电子档案管理规范》

中华人民共和国国家标准 GB/T 9705—2008《文书档案案卷格式》

中华人民共和国行业标准 DA/T 14—2012《全宗指南编制规范》

中华人民共和国行业标准 DA/T 12—2012《全宗卷规范》

中华人民共和国档案行业标准 DA/T 1—2000《档案工作基本术语》

中华人民共和国档案行业标准 DA/T 18—1999《档案著录规则》

中华人民共和国档案行业标准 DA/T 22—2015《归档文件整理规则》

中华人民共和国档案行业标准 DA/T 31—2017《纸质档案数字化技术规范》

中华人民共和国档案行业标准 DA/T 13—1994《档号编制规则》

模块三
企业会务管理

【学习目标】

知识目标	能力目标
（1）了解会议的基本知识和要素。 （2）了解会议的管理系统和程序	（1）掌握会前筹备和协调工作。 （2）掌握会中组织和服务工作。 （3）掌握会后相关事务落实工作

【案例引导】

企业经济博士麦克肯斯在他的一份研究报告中这样评论："要世界上任何一个企业经理人列出3项最花时间的企业活动，'开会'一定名列其中。"受调查的200多家企业中，有超过1/3的受访者表示，他们花在会议上的时间，有一半是浪费掉的。而让人更感到吃惊的是，很少有人能确切地说出到底浪费在哪里。

讨论：

你认为麦克肯斯博士说的有没有道理？会议管理存在的问题到底有哪些？应该如何提高会议工作效率？

【知识储备】

第一节　企业会议的概念

组织会议是企业行政管理工作中的一项重要内容，参加会议也成为企业人员特别是企业管理层的一项重要工作。要想提高会议的工作效率，首先必须要了解与会议相关的基本知识。

> **知识拓展**
>
> "会"：聚集、会合；"议"：商议、议事，就是讨论和研究问题。会议是一种目的性很强的、组织有序的、以口头交流为主要方式的群体性多向沟通活动，也是一个有计划、有目的、有组织地召集人员商议事情、解决问题的过程。

一、会议的目的

（1）集思广益：主要反映在需要新构思、新点子的媒体行业中。

（2）显示一个组织或一个部门的存在：一些经理或主管经常会召开上下协调之类的会议，来强化自己的地位。

（3）发布信息：多见于专业社团会议，目的是通报新决策或相关信息。

（4）监督员工、协调矛盾：多见于公司的内部会议，如公司或部门的常规会议。

（5）达成协议与解决问题：如业务洽谈、商务谈判、技术攻关等会议。

（6）资源共享：如行业交流、内部务虚等会议。

（7）激励士气：年初或年终会议通常具有这一目的性，如销售表彰大会就是为了激励销售人员的士气。

二、会议的要素

（1）主办者：出资举行会议的组织。会议通常由领导机关主办（总公司年会）、发起者主办（国际学术会议）、成员轮流主办（行业高峰论坛会议、亚太经合组织会议）、申请主办（奥运会、世博会）或者牵头举行会议的组织（如上级主管部门、政府部门、相关协会等）主办。

（2）承办者：具体落实会议组织任务者，对主办者负责。承办者通常包括专业会务公司、协会管理公司、会议举办目的地管理公司、旅行社等。

（3）与会者：参加会议的对象，也称为会议成员，是会议活动的主体。与会者通常包括正式成员、列席成员、旁听成员、工作人员、特邀嘉宾、媒体人员等。

> **注意**
>
> 正式成员享有发言权、讨论权、动议权、提案权；列席成员享有发言权但没有选举权；旁听成员既无发言权也无选举权；工作人员包括会议筹备、记录、摄像、茶水、秩序维护等服务人员；特邀嘉宾包括上级机关领导、社会知名人士、外国来宾、报告人等。

（4）会议议题：根据会议目标确定并付诸会议讨论或解决的具体问题。它主要服务于会议目标、引导和制约会议的发言，会前需要审核通过，并且将其传达给与会者。

（5）会议时间：会议的起止时间和时间跨度。一是指会期，即会议开始到结束的时间跨度，或者周期性会议召开的固定时间；二是指会议周期，即两次会议之间的时间跨度，如世界杯足球赛每4年举行一次，其周期是4年。

（6）会议地点：举行会议活动的场所，一些大型会议会分主会场和分会场。主会场作为中心会场，会议的主要环节诸如开幕式、闭幕式等安排在主会场，出席会议的主要领导、嘉宾、主持人也应在此。设置分会场主要为了解决主会场的容量不足问题及远程会议的需要。

（7）会议保障：主要指会议规则和会议经费方面的保障。

三、会议的类型

【企业如何正确选择视频会议产品】

（1）从会议规模来看，有小型会议（如座谈会、办公会、现场会等）、中型会议（如报告会、庆功会、经验交流会等）、大型会议（如庆祝大会、纪念大会等）、特大型会议（如特大工程的奠基、开工及竣工典礼等）。

（2）从会议时间来看，有定期会议（如公司年会、办公例会）、不定期会议（如处理突发事件而临时召开的会议）。

（3）从会议使用媒介来看，有传统型会议、电视会议、电话会议、网络会议。

企业里常见的会议类型有股东大会、董事会、经理例会、员工总结大会、职工代表大会、企业年会、客户咨询会、产品展览会暨订货会、业务洽谈会、新产品新闻发布会、联谊会、表彰会等。

随着企业社会事务的日益复杂化，会议已成为企业行政管理常用的一种组织形式，在企业统一思想、布置工作、交流经验、推广项目、统筹协调、解决问题等方面起着重要的作用。

第二节 会前筹备管理

会务管理工作的主旨在于确保会议顺利地召开，确保会议精神得以传达，以便更好地达成召开会议的目的。科学合理地实施会务管理是提高会议效率的有效保证。会务管理包括会前筹备、会中组织和服务、会后善后和落实3个阶段。

知识拓展

> 会前管理的基本工作流程：确定会议议题和议程→确定会议名称→确定会议规模与规格→确定会议时间与会期→确定会议所需用品和设备→建立会议组织机构→确定与会人员名单→确定会议地点→安排会议议程与日程→经费预算→制发会议通知→准备会议文件资料→安排食住行→布置会场→检查会场。

一、建立会议管理系统

大中型会议由于组织工作繁重，必须建立一定形式的组织领导与管理机构（即会议管理系统），以确保会议各项组织工作的落实和会议目标的顺利实现。

（一）建立会议领导机构

（1）组织委员会（简称组委会）：会议管理的最高决策组织，负责制定会议目标、任务、主题、规则、程序、实施方案，确定会议时间、地点，建立会务班子，负责宣传公关、筹措经费等。

（2）筹备委员会（简称筹委会）：负责落实会议的各项筹备工作。
（3）主席团：负责召集并主持会议，审议会议报告，讨论重大事项。
（4）资格审查会：负责审查参会人员的与会资格（适用于法定性代表会议）。

（二）建立会务工作系统

会务系统是指在会议领导机构（大会主席团或组委会）的直接领导下完成具体组织、协调和善后工作并为与会者提供全面服务的工作系统。

会务系统中设有会务工作系统的最高负责人——秘书长，下设具体实施会务工作的机构——秘书处，秘书处下面设有会务组、秘书组、接待组、宣传组、财务组、保卫组等，分别负责落实各项会议事务。

二、制订会议筹备方案

会议方案是指导会议筹备工作的指南，尤其是大中型会议需要制订筹备方案。会议组织管理机构明确了会议议题和议程、会议名称、会议规模与规格、会议日期和地点、会议所需用品和设备、与会人员范围、会议议程与日程之后，一般由秘书处负责起草会议的筹备方案。

会议筹备方案的内容包括以下几个方面：
（1）会议主题与议题。
（2）会议名称。
（3）会议时间和地点。
（4）会议规模和与会人员的组成。
（5）会议筹备班子的组成名单及分工。
（6）会议议程和日程安排。
（7）会议所需用品和设备的准备。
（8）会议住宿和餐饮及其他活动安排。
（9）会议经费预算。
（10）会场布置方案。

> **知识拓展**
>
> 会议住宿和餐饮安排主要包括以下几个方面：
> （1）制定伙食费用标准。
> （2）制定餐饮卫生标准和准备餐饮卫生用品。
> （3）做好就餐人员的统计，包括少数民族及不同饮食习惯的统计情况。
> （4）预订餐厅或食堂。
> （5）统计好住宿人数、性别、年龄。
> （6）预订客房（包括档次和房间数量）。
> （7）拟定房间分配的标准或方法。
> 会议经费预算内容主要包括以下几个方面：
> （1）文件资料费。文件资料的制作和印刷费，文件袋、证件、票卡的制作和印刷费。
> （2）邮电通信费。会议通知邮寄费用，会议电报、传真或打电话进行联络等的费用；若召开电视、电话等远程会议，则使用有关会议设备系统的费用也应计算在内。
> （3）会议设备和用品费。各种会议设备的购置和租用等费用。
> （4）会议办公费。会议所需办公用品的支出费用，会场布置等所需费用。
> （5）会议宣传交际费。现场录像的费用，与有关协作各方交际的费用。
> （6）会议住宿补贴费。一般情况下住宿费是由与会人员自理一部分，由会议主办者补贴一部分，也有主办单位全部承担的情况，如无住宿要求，应明确与会人员完全自理此部分，则预算中可不列此项。
> （7）会议伙食补贴。通常由主办单位对会议伙食补贴一部分，由与会者承担一部分。
> （8）会议交通费。参会人员交通往返的费用，若会议期间的各项活动如需使用车辆等交通工具，则由会议主办单位承担，应列入预算。
> （9）会议场所租用费。如会议室、大会会场的租金及其他会议活动场所的租金。
> （10）其他支出。包括各种不可预见的临时性开支。

三、准备好会议所需文件

一般召开大中型会议，会务组人员应准备以下几种类型的文件：

（1）会议指导文件。如上级指示文件、开会起因文书等。

（2）会议主题文件。如开幕词、闭幕词、领导人讲话稿、大会发言材料、会议总结报告等。

（3）会议参考文件。如调查报告、可行性分析报告、统计报表、技术图纸或图表等。

（4）会议管理文件。如会议通知、议程与日程安排、会议须知、保密规定以及与会人员名单、票证、签到簿、会议证件等。

（5）会议宣传文件。如会议宣传提纲，新闻发布稿件，有关照片、录音、录像资料等。

> **特别关注**
>
> 大型会议和重要会议通常需要给与会人员制发会议证件，这样可以更好地做好会议接待和会场的管理。常见的会议证件有出席证、列席证、记者证、工作证、嘉宾证等。
> 正确制作姓名卡片、会议证件需要注意以下几点：

（1）内容设计上要有会议的名称、与会者姓名、称呼（先生、女士等）、身份（职务、职称等）、组织或公司的名称。

（2）为了便于辨认会场内各种人员的身份，同一会议的不同证件应当用不同的颜色和字体相区别。在设计上，应区分正式代表、列席代表、工作人员、特邀嘉宾等与会者的不同身份。

（3）重要的大型会议要在证件上贴上与会人员的相片，并加盖印章。

（4）应注意根据公司不同的文化理念设计会议证件或姓名卡片。

（5）会议证件的设计格调要与会议的性质和气氛相适应。

（6）涉外会议证件可用中文和外文两种文字，外文排在中文下方。

（7）在会议的接待区向与会人员发放，并在主席台等必要的地方放置台签式姓名卡片。

四、确定会议时间

（一）选择会议时间需要考虑的因素

（1）与会的本公司主要领导、主管领导和主持人是否有时间。

（2）邀请的有关上级领导和嘉宾能否到会。

（3）尽量避免在企业生产销售旺季和重要项目上马时召开牵涉人员多、时间长的会议。

（4）具体的会议时间一般安排在上午9:00—11:00，下午2:00—4:00，符合人们的生理规律。

（二）会议议程、会议日程与会议程序的区别

1. 会议议程

会议议程是指会议主要活动的顺序安排，它是对议题性活动的程序化，即将会议的议题（会议所要讨论与解决的问题）根据主次、轻重、先后次序编排。它通过会议日程具体地显示出来。

会议议程编排的基本原则如下：

（1）要注意议题所涉及事务的习惯性顺序，了解本单位有无对会议议程顺序的相关规定。

（2）按照议题的轻重缓急安排先后次序。

（3）尽量将同类性质的议题集中排列。

（4）保密性较强的议题，一般放在后面。

会议议程式样如下：

杭州××公司销售团队会议议程表
［10月6日（周二）下午3:00，公司总部五号会议室召开］

（1）宣读并通过上次会议记录。
（2）销售一部、二部、三部上季度销售活动的总结。
（3）宣布下季度销售目标。
（4）公司销售人员的招聘与重组。

杭州××公司行政部

---

2. 会议日程

会议日程是指根据会议议程，以天为单位逐日安排，把会议全程的各项活动时间固定在上午、下午、晚上3个单元里，一目了然。它是与会者安排个人时间的依据。

3. 会议程序

会议程序是指在一次具体的会议中按照时间先后排列的详细的活动步骤。以举行颁奖、选举、揭牌等事为主的会议活动，一般只制定会议程序。

> **注意**
>
> 会议议程、会议日程、会议程序制定后都必须经过主管领导的审核同意，方可实施。

4. 会议议程与会议日程的区别

会议议程编制在前，会议日程安排在后；会议议程一般不宜变动，会议日程可以根据需要微调；会议议程和会议日程内容安排必须相吻合。

五、确定会议名称

会议名称一般由会议主办单位名称＋会议主题＋会议类型3个部分组成，如"××集团公司经贸洽谈会"。

有的会议名称还可以包括时间和范围等因素，如"××集团公司××××年全体员工总结大会"。

有些会议名称是固定的，如董事会、代表会议、办公会议等。

六、确定会议地点

选择会址与会场应当根据会议的规模、规格和内容等要求来确定。选择会场时应当注意以下几点：

（1）会场大小适中，与会议规模匹配。

（2）会场位置交通便利、方便停车。

（3）会场环境良好，清净不受外界干扰。

（4）会场设备齐全适用，满足会议所需设备要求。

（5）会场租借成本能承受。

七、发送会议通知

（一）会议通知的一般形式

（1）按形式分：口头通知、书面通知（会议邀请函、请柬、会议通知、海报、公告等形式）。

（2）按行为方式分：当面通知、电话通知、电报（明码电报）通知、墙报通知、报纸通知、广播通知、电视通知。

（3）按作用分：预告性通知、正式通知。

（二）会议通知的基本内容

（1）标题：会议主办机构名称＋会议名称＋通知。

（2）称呼：被通知者的姓名或单位名称。

（3）正文：要求明确会议的时间、地点、与会对象、会议内容、具体要求等。

（4）落款：写明署名（发文单位名称）与日期。

会议通知一般采用条款式行文，做到简明扼要，使被通知者一目了然，便于遵照执行。

知识拓展

会议通知的正文一般应包括以下内容：

（1）召开会议的目的和意义。如会议目的是亟须解决现实工作中的某些问题，还是传达上级文件精神、布置新的工作任务等。

（2）会议的时间、地点。会议时间有时有报到时间和开会时间的区别，地点有时也有报到地点和举行会议地点之分，均应交代清楚。

（3）会议的主要内容和议程。方便与会人员做好充分准备，从而提高会议的效率。

（4）参加会议的单位和人员。有时是直接点出具体与会人员的姓名或职务；有时是划定与会人员的范围和界限，如参会人员为"公司中层干部"等。

（5）与会人员应做好的准备工作，如发言材料、需携带的有关资料和样品等。

（6）其他有关事项，如会议住宿、餐饮、交通安排、会外活动、联系方式等。

八、会场布置

会场布置包括会场内座位的布局、会场的座次安排（包括主席台的设置与座次安排、观众席座位安排）、会场气氛营造（即为烘托或渲染会议气氛所做的装饰）等。

（一）会场内座位布局

会场内座位布局应当根据会议的不同规模、主题，选择适合的形式。

（1）会场座位布局可以有多种形式或形状，较大型的会场，一般在礼堂、会堂、体育场馆举行，其形式或形状基本固定，即所谓长方形扩大排列形式。

（2）一些中小型会议或较特殊类型会议则可以根据要求选择不同的布局形式。例如，在会议厅召开的中小型会议，可以选择"而"字形、倒"山"字形或半圆形的布局形式，这些形式比较正规，有一个绝对的中心，即主席台和会议主席（或者是会议主持人），容易形成严肃的会议气氛。

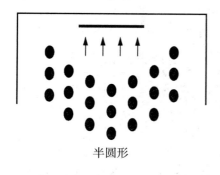

半圆形

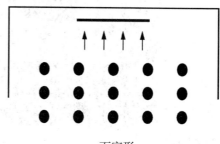

而字形

（3）一些小型日常办公会议及小型座谈会议一般在会议室、会议厅或临时设置的会客室进行，可以根据需要摆放成椭圆形、圆形、回字形、"T"形、马蹄形、"U"形和长方形等，这些形式可以使参加会议的人坐得比较紧凑，彼此面对面，容易消除拘束感，有利于大家的讨论交流。

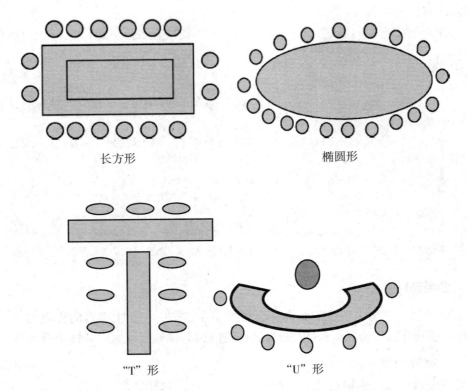

（4）座谈会或小型茶话会、联欢会多选择六角形、八角形或半圆形等布局形式。

（5）大型茶话会、团拜会、宴会的会场一般可摆放成星点型、众星拱月型，因为这些形式比较稳定，容易形成轻松和缓的气氛。

> **特别关注**
>
> 　　礼节性的会见与商务性会谈的会场一般在会议室或会客室里进行，根据会见或会谈的人数、身份及内容等对座位进行合理的布局，其主要形式有马蹄形、圆形、方形、长方形。
> 　　一般来说，会见、会谈人数少时，多选择马蹄形，即不用会议桌，而用沙发，主宾各坐一边，主人在左，主宾在主人的右边就座。如果会见会谈人数较多，需要摆放会议桌，可选择圆形、方形或长方形等形式，但事先应制定座位摆放图，并在桌上放置座位名签。如果对方是外宾，名签应用

主宾双方语种标示。所选用的圆桌或方桌是由多张桌子组合而成的"空心式",中间"空心处"应适当放置些花木,花木以绿色观赏性植物为宜,不宜多放,其高度以不妨碍就座人视线为标准。

(二)会场座次排列

会场座次排列是指对与会人员在会场内座位次序的安排。设有主席台的会议,其座次排列既包括主席台就座人员的座次排列,也包括场内其他人员的座次排列。会场座次的排列应当合理,符合惯例。

主席台的设置要求:对称、简化,符合会议性质,吻合会议氛围。

主席台必须排座次、放名签,以便领导及其他同志对号入座,避免上台之后互相谦让。

1. 主席台人员座次的排列

由于主席台就座的人员多是领导和贵宾,所以主席台人员座次的排列一般应按照台上就座者职务的高低排列,以职务最高者居中,然后依先左后右、由前至后按职务顺序排开。主持人的座次也应当根据其职务进行排列,不必一定排在主席台第一排的最侧边。如果是报告会、联席会,一般采取报告人和主办单位负责人或联席的各单位负责人相间排列的方法。

重大会议主席台的座次排列名单一般由秘书部门负责人来亲自安排,并送有关领导审定。有的会议,领导人对座次问题有专门关照,则应按领导的意见办。

对上主席台的领导届时能否出席会议,在开会前务必逐一落实。领导到会场后,要安排在休息室稍候,再逐一核实,并告之上台后所坐方位。如主席台人数很多,还应准备座位图;如有临时变化,应及时调整座次、名签,防止主席台上出现名签差错或领导空缺。还要注意认真填写名签,谨防错别字出现。

主席台人数为奇数时的排列方法:

主席台人数为偶数时的排列方法:

2. 会场内其他人员的座位排列

并非所有的会议都需要对会场内其他人员的座次进行排列,但如果是中型以上较严肃的工作会议、报告会议或代表会议,一般要对座次进行适当排列。

根据会议的不同要求,有不同的座位排列方法:

（1）横排法。横排法是指按照参加会议人员的名单以其姓氏笔画或名称笔画为序，从左至右横向依次排列座次的方法。选择这种方法时，应注意先排出会议的正式代表或成员，后排列席代表或成员。

（2）竖排法。竖排法是按照各代表团、各单位成员的既定次序或姓氏笔画从前至后纵向依次排列座次的方法。选择这种方法也应注意将正式代表或成员排在前，职务高者排在前，列席成员、职务低者排在后。

（3）左右排列法。左右排列法是按照参加会议人员姓氏笔画或单位名称笔画为序，以会场主席台中心为基点，向左右两边交错扩展排列座次的方法。选择这种方法时应注意人数，例如，一个代表团或一个单位的成员的人数若为单数，排在第一位的成员应居中；一个代表团或一个单位的成员人数若是双数，那么排在第一、二位的两位成员应居中，以保持两边人数的均衡。

（三）会场气氛营造

1. 会场气氛

会场气氛简单可以分为几种类型：庄严、肃穆、轻松简洁、喜庆、儒雅、朴素大方等。

会场气氛直接影响到与会者的情绪，也关系到会议的效果。营造良好的会场气氛，是行政助理人员创造力和想象力的重要表现。会场气氛的营造主要包括以下几个部分：

（1）会标。将会议的全称以醒目的标语形式悬挂于主席台前上方，即为会标。会标能体现会议的庄严性，激发与会者的积极参与感。

（2）会徽。能体现或象征会议精神的图案标志，一般悬挂于会场前上方中央位置。会徽可以是组织已定徽标，如党徽、国徽、团徽、警徽等，也可以向社会公开征集，如2008年北京奥运会会徽"中国印"。

（3）灯光。要注意灯光的亮度，一般主席台上的灯光要比台下代表席的灯光亮。

（4）色调。要注意不同色调会给与会者不同的感官刺激，如红、粉、黄、橙亮丽明快，给人感觉热烈辉煌，适合庆典类会议，蓝、绿、紫庄重典雅，给人感觉严肃端正，适合一般工作会议。

（5）旗帜。重要的会议宜在会场内外插一些旗帜以烘托气氛。

（6）标语。简洁明快的标语口号能振奋与会者精神，强化会议主题。

（7）花卉。适当的花卉能给人清新活泼之感，既能点缀会议氛围，又能减轻与会者长时间的疲劳。

2. 会场装饰

会场装饰是指根据会议的内容，选择适当的背景色调或摆放、悬挂突出会议主题的装点物等。会场的装饰包括主席台的装饰、会场整体背景的装饰和色调的选择。会场的装饰要讲求艺术性。

设有主席台的会场主席台是装饰的重点：一般应在主席台上方悬挂会标，会标可以是红布制作成的横幅，也可以用彩色木板；用美术字标明会议名称；还可以根据需要悬挂会徽或红旗及其他艺术造型等；主席台前或台下可适当摆放花卉。

会场整体装饰是指除主席台之外的场内及场外等地方的装饰。一般可根据需要悬挂红幅标语、宣传画、广告、气模、彩色气球及摆放鲜花等。

选择色调是指会场内色彩的搭配与整体基调，包括主席台、天幕、台布、桌椅花卉及其他装饰物。选择与会议内容相协调的色调，可以对与会者的感官形成一定的刺激，产生积极的心理与生理影响。

第三节　会中组织与服务管理

会中管理主要为会议的组织与服务工作，基本工作流程为：组织接站和报到→组织签到→组织入场安排→会议秩序维护→会议记录、音像工作→会议设备操作与维护→会议保卫保密工作→会议期间服务与协调。

一、做好接站与报到工作

对于一些重要会议，会议组织方会安排在机场、港口、火车站等迎接与会人员。组织方要明确迎接规格与陪同人员，准备好迎接标识牌；必要时，对于特殊人物要安排献花和欢迎队伍。

当与会人员来到会场或会址报到时，能清楚地看到引导标识和指示路牌，同时会务工作人员必须热情、礼貌地接待。

（1）首先对与会者的到来表示欢迎。

（2）应将事先准备好的会议文件和用品，包括会议须知等材料，以及住宿房间的号码、餐券等发给与会者。

（3）对于重要嘉宾尽可能引导其到住宿的房间，稍作简单介绍后提醒嘉宾稍事休息，并叮嘱会议的第一项议程的时间、地点。

二、做好签到工作

会议签到的目的是统计到会人数，能够有效地保证会议的安全。对于股东大会、董事会来说，还关系到与会人员是否达到法定人数，选举结果和通过的决议是否有效等问题。

（一）签到方式

（1）簿式签到。簿式签到是指与会人员到会时，在签到簿上签上自己的姓名、单位、职务等内容，以表示到会，适合于小型会议或祭典性会议。

（2）卡片式签到。即将预先印制好的卡片（相当于入场券）提前发给与会者，入场时交出来即可。

（3）磁卡签到。即与会者进入会场时，手持事先领取的磁卡，送进电子签到机里，签到机便即时将其姓名、号码等内容输入电脑，与会者入场完毕，签到情况便立即在电脑屏幕上显示出来，适用于较大型会议。

此外，有些会议仅凭会议通知、出席证、列席证或入场券便可进入会场。小型内部会议也可以事先准备名单，采用打钩方式签到。

（二）签到工作注意事项

（1）准备签到用品要充分。

（2）签到人员的组织要落实。

（3）负责签到的人员要提前到岗。

三、做好入场安排工作

会议的入场一般是参与者在会议开始前陆续入场，这时工作人员要有意识地引导与会者先入座会场的前面位置。主席台上的嘉宾可以按顺序入场，也可以在礼仪人员的引导下，正确落座于放置其桌签的位置上。

四、做好会议记录与必要的录音、录像工作

会议记录和录音录像是会议情况的真实记载，是会议内容和进程的客观反映，是形成会议简报和会议纪要的基础和重要素材，也是日后研究整理会议情况和会议内容的原始凭证。

做会议记录之前，要为会议记录做好准备工作：熟悉本次会议的会议议题、会议程序、发言名单、发言人座次情况、一些特别术语；准备所需纸笔、录音机和磁带等用品与设备；了解会场器材安放位置；于开会当天提前到达会场。

会议记录是开会时当场将会议基本情况和会议报告、发言、讨论、决议等内容如实记录下来的文书。会议记录忠实地记录了会议的全貌，会议对重大问题做出的安排，如果在会议后期需要形成文件，要以会议记录为依据；会议记录是形成会议简报和会议纪要的基础和重要素材；会议记录可以作为会议情况和会议内容的原始凭证。

（一）会议记录的组成

（1）标题：会议名称＋文体名称组成，如"××会议记录"。

（2）会议组织基本情况：要求写明会议名称、时间、地点、出席人数、缺席人数、列席人数、主持人、记录人的姓名等。

（3）会议内容：一般要求写明会议的议题、目的、会议议程、会议的讨论和发言、决议等。这是会议记录的核心部分，应按照会议的进程一步一步地完成。

（4）结尾：主持人宣布散会，最后由主持人和记录人对会议记录进行认真校核后，分别签上姓名。

（二）会议记录的基本要求

（1）准确写明会议名称（要写全称），开会时间、地点，会议性质。

（2）详细记下会议主持人、出席会议应到和实到人数，缺席、迟到或早退人数及其姓名、职务，记录者姓名。

如果是群众性大会，只要记录参加的对象、总人数及出席会议的较重要的领导成员即可；如果某些重要的会议，出席对象来自不同单位，应设置签名簿，请出席者签署姓名、单位、职务等。

（3）忠实记录会议上的发言和有关动态。

特别关注

会议发言的内容是记录的重点。记录发言可分摘要与全文两种。多数会议只要记录发言要点，即把发言者讲了哪几个问题，每一个问题的基本观点与主要事实、结论，对别人发言的态度等做摘要式的记录，不必"有闻必录"。某些特别重要的会议或特别重要人物的发言，需要记下全部内容。有录音条件的，可先录音，会后再整理出全文；没有录音条件的，应由速记人员担任记录；没有速记人员，可以多配几个记得快的人担任记录，以便会后互相校对补充。

（4）记录会议的结果，如会议的决定、决议或表决等情况。

（三）会议记录的特点

（1）真实性。会议记录要求忠于事实，不能夹杂记录者的任何个人情感，更不允许随意增删发言内容。会议记录一般不宜公开发表，如需发表，应征得发言者的审阅同意。

（2）资料性。可作为研究、编发、查找会议的重要原始资料长期保存。

（3）完整性。会议记录对会议的时间、地点、出席人员、主持人、议程等基本情况，对领导讲话、与会者的发言、讨论和争议、形成的决议和决定等内容，都要记录下来，一般没有太多的选择性。

（四）会议记录模版

××会议记录	
会议时间	
会议地点	
出席人	
缺席人	
列席人	
主持人	
记录人	

续表

××会议记录		
会议发言记录		
主持人（签名）：		记录人（签名）：

五、做好会议保卫与保密工作

大中型会议要有工作人员24h值守，以保证会议顺利结束，并随时应付各种突发事件。

（一）会场内安全保卫工作

（1）防止与会议无关的人随便进入会场。

（2）关注会场内的设备运行情况，消除火灾隐患，防止意外事故的发生。

（3）保证会场内人员的安全与健康，发现与会者中有身体不适或突发疾病者，要及时请保健医生或送往附近医院或联系急救中心。

（4）保护好会议的重要文件，做好保密工作。

（5）备有公司及各部门领导、后勤服务主管人员的电话通讯录。

（6）保护好与会者私人贵重物品等。

（7）保护好会议设备、会场和驻地。

（二）会议保密工作

保密工作与保卫工作密不可分，保密的事项一定是保卫的目标。

（1）秘密程度较高的会议，会前应与保卫、保密部门共同采取保密措施，并对与会人员进行保密教育，严格规定保密纪律。

（2）尽量不在旅客身份杂多的宾馆、饭店召开秘密会议。

（3）会前对会场的扩音、录音设备进行保密检查，防止有线扩音设备泄密。严禁使用无线话筒录音或无线话筒代替有线扩音设备。

（4）会议期间的文件一律标明密级，统一编号，登记发放，禁止乱印乱发会议秘密文件。确需翻印上级文件的，必须严格按照保密规定，请示原制单位批准。对会议产生的秘密文件，也应尽量少印少发。特别是印发绝密文件，更要严格控制，能不印的就不印。对领导在会议上的讲话，不得随意整理记录散发。

（5）会议期间应设保密箱、柜和文件袋，指定专人管理秘密文件、资料等。大型会议最好设保密室。

（6）与会者不得以任何理由外泄会议秘密内容；新闻报道部门不得公开报道会议秘密事项。如会议内容需要向下传达时，应明确规定传达的范围。

（7）会议结束后，要对会场、驻地进行保密检查，看有无遗失文件、笔记本等。

（8）会议期间新闻报道的保密要求，一方面是保证自己在本单位重大事件的报道中不泄密，另一方面是行政助理部门要经常与新闻单位保持联系，在新闻报道中可能涉及本机关、本单位的某些秘密时，应对报道内容进行适当的处理，或请示机关领导确定保密范围。

六、做好会议期间服务与协调工作

会议期间针对与会者主要有生活、车辆、娱乐、医疗卫生、照相、通讯录发放等方面的服务与协调工作，虽然这些工作比较麻烦，而且还会遇到一些不讲情理的与会人员，但为保证会议顺利地进行，提高与会人员的参会满意度，会议组织方必须统筹做好全方位的服务工作与协调工作。

第四节　会后事项管理

会后管理主要是各项事务的善后与落实处理，基本工作流程为：清理会场和文件→安排与会人员返程→会议宣传工作→会议纪要形成→催办与反馈→会议总结工作→会议材料整理归档。

一、做好清理会场与文件工作

（1）打扫会场，保证会场的清洁整齐。
（2）清点物品与设备，逐一核查，保证不丢失，及时登记故障设备与遗失物品。
（3）清点需要清退的文件，按照《文件领取表》的登记，逐一核对，做到物表相符。

二、做好与会人员的返程工作

（1）提早做好与会者车、船、飞机票的登记预订工作。
（2）帮助与会者提前做好返程准备。
① 提醒与会者及时归还向主办方或会议驻地单位借用的各种物品。
② 提醒与会者及时与会务组结清各种账目，开好发票收据。
③ 提醒与会者及时清退房间，避免与宾馆方面产生矛盾。
④ 准备一些装资料的塑料袋和捆东西的绳子等物品，以备急需。

三、做好会议宣传工作

编写会议简报，做好内部宣传。一般中型会议常常在会中编写会议简报，反映会议动态和问题；一般本单位本部门会议，常常会在会后编写会议简报，反映会议风貌与会议有关决定，在一定程度上起到内部宣传的作用。

会议主办方应该重视会议的宣传工作，一般会采取联系媒体单位的方法，搞好对外宣传。会议对外宣传报道主要有以下几种方式：

（1）会议期间或结束后，会务组负责撰写新闻报道稿件，送经领导审阅，最后向媒体发送。
（2）会议期间，组织方邀请相关媒体随访，发布相关信息。
（3）会议结束后，组织方组织召开记者招待会，安排领导介绍会议情况，并回答记者的提问。

四、做好会议纪要工作

会议纪要是根据会议的主旨，用准确而精练的语言综合记述其要点的书面材料。它是在会议记录的基础上，分析、综合、提炼而成的，用以概括反映会议精神和会议成果的文件。会议纪要主要有两个目的：一是传达，让与会者带回去作为传达贯彻会议精神的依据；二是上报，使上级主管部门和有关单位了解会议的情况或予以转发。

（一）会议纪要的写作

（1）标题：由会议名称和文种组成，如"××行业中西部地区人才培养研讨会纪要"。

（2）文件日期：成文日期通常写在标题之下，位置居中，并用括号括起，也可在文末右下角标明日期。

（3）正文：正文可写以下3个部分，也可只写前两个部分。

① 在开头部分应扼要地叙述会议概况，如会议的名称、目的、时间、地点、人员、议程及主要收获等。

② 主体部分主要写会议研究的问题、讨论中的意见、做出的决定、提出的任务要求等。

③ 结尾的内容通常是提出希望、号召，要求有关单位认真贯彻会议精神，也可以在写完主体部分后即全文结尾。

（4）落款：记录人、主持人签字。

（二）会议纪要的写作要求

（1）忠实会议实际，准确反映会议情况和意见。

（2）突出会议中心，内容概括，有取有舍，有主有次，言语精练。

（3）逻辑条理清楚，观点鲜明，不堆砌拼凑，必要时加以理论说明。

（4）及时印发，作为依据，起到指示、指导、协调、约束作用。

五、做好会议总结工作

一些重要会议或大型会议结束后，为肯定成绩、积累经验、找出不足，以利于今后把会务工作做得更好，由会议领导人或行政助理人员组织全体会务工作人员对整个会议的组织与服务工作进行全面总结，着手撰写会议总结报告，交有关领导审阅后，作为大会的文件资料，一并作为完整的卷宗归入档案。

（一）会议总结的基本要求

（1）会议工作总结要根据岗位责任制和工作任务书的内容，逐条对照检查。

① 首先要检查会议目标的实现情况。

② 检查各个小组的分工执行情况。

③ 将员工自我总结和集体总结相结合。

（2）要切实回顾和检查会议工作中好的方面和存在的问题，实事求是，认真总结，不断探索办会规律。

（3）总结要将客观标准和主观标准相结合。

① 客观标准包括人员的出勤率、满意率、事故率、会议成果等。

② 主观标准是凭借考评者的主观判断。

（4）会议总结要一分为二，以总结经验、激励下属为主。一般会议结束后，还应慰问会务工作人员，表彰会务工作中的有功人员。

（二）会议总结的基本内容

（1）会议简介包括会议名称、会议时间和地点、会议规模、与会人员人数、参加会议的上级领导人、会议的主持人，还应包括会议召开的背景、会议的议题及会议的预期效果等。

（2）会议工作要点包括会务组工作成员名单、会议工作安排、针对本次会议的特点分析会议关键要素、本次会议主要抓的几项工作。

（3）会议满意度调查反馈情况。

（4）问题分析：从会议满意度调查结果分析整个会务工作过程，找出本次会议存在的问题，会务组工作的不足之处，归纳教训并提出日后的改进意见。

（5）经验总结：归纳本次会议工作有哪些值得日后借鉴的成功之处。

六、做好会议评估工作

（一）会议的评估目的

（1）会议目标是否得到实现。

（2）会议的成本效益如何（是否超支或盈利）。

（3）与会者是否感到满意。

（4）以后的会议中进行哪些改进。

（二）掌握评估的要素

（1）对主持人的评估：包括主持能力、业务水平、实现目标的能力、工作作风和对会议进程的控制能力等方面。

（2）对会议工作人员的评估：包括行为表现、工作态度、业务水平和工作效果等方面。

（3）对会议因素的评估：包括承办方、委员会等会议机构的作用与合作，会议主题的相关性，会议整体策划，与会者满意度，会议宣传，会议预算等方面的内容。

第五节　程式性商务会议管理

一、新闻发布会组织与管理

（一）新闻发布会概述

新闻发布会是政府、企事业、社会团体或个人把新闻机构记者及相关单位召集在一起，宣布某一消息，并就这一消息让记者提问，由专人回答问题的一种活动。新闻发布会是组织与公众沟通的例行方式，也是一种传播信息、以求新闻界客观报道的行之有效的手段。

新闻发布会大致有情况通报会、记者通气会、政策说明会、技术产品推介会、成果发布会等类型。

企业召开新闻发布会的原因主要有：新产品开发、新产品推介、企业创立周年纪念日、企业经营方针的改变、企业首脑或高级管理人员的变更、新工厂的上马或旧工厂的扩建、企业合并、企业上市、企业产品获奖、与企业相关的重大责任事故发生等。

（二）新闻发布会的准备工作

（1）确定被邀请记者的范围。

一般来说，邀请记者的覆盖面要广，各方新闻机构都应照顾到，不仅要有报纸、杂志记者，而且要有电台和电视台的记者；不仅要有文字记者，而且应有摄影记者。

（2）确定时间和场所。

新闻发布会时间的选择要注意以下问题：

① 新产品、新政策出台前夕或组织单位受到指责、误解时及时举行。

② 避开重大会议、社会活动、节假日等。

③ 一般不选周一、周五进行。

一天之中一般会议选在上午 10:00 或下午 3:00 为佳，方便各方人士到会。正式发言时间不要超过 1h，应留有时间让记者提问。

新闻发布会会场的选择应注意以下问题：

① 一般发布会，可以在本组织单位的会议室、接待室举行或租用宾馆、招待所等地举行。

② 希望造成全国性影响的，则可以赴首都或大都市租用场地举行。

（3）确定主持人和发言人。

① 主持人一般由公关部门负责人或办公室主任、秘书长担任，措辞讲究典雅体面有力，风趣而不失庄重。

② 发言人一般由单位决策层人物担任，要求熟悉全面情况、头脑机敏、有较高文化修养和风度、应变能力与口头表达能力较强。

（4）准备发言材料和布置会场。

> **注意**
>
> 事先布置好产品成果、技术成果的展示或演示厅，准备好录音、录像、话筒、投影等设备。

（5）制作经费预算。

（6）组织会议。

（7）参观活动安排。

> **注意**
>
> 如有条件，新闻发布会前后可以配合主题组织记者与来宾进行参观活动，如观看设施、实物、成果展览、模型、图片等，给记者与来宾创造实地采访、摄影、录像的机会，增加记者与来宾对发布会主题的感性认识。

（8）小型宴请安排。

注意

如果必要，可以在发布会或参观活动后，邀请记者参加午餐或晚餐，以进一步进行沟通。

（9）收集有关新闻报道。

注意

新闻发布会举行后的一段日子里，秘书要注意收集到会记者采写、刊发的各类新闻稿件，分门别类地登记、分析，以便检验会议的效果。

（三）新闻发布会的程序
（1）宣布开始。
（2）发布新闻或消息。
（3）答记者问。
（4）宣布结束。
（5）提示会后安排。

二、庆典活动组织与管理

（一）庆典活动概述

庆典是各种庆祝礼仪仪式的统称。庆典活动常见的有开业典礼、节日庆典、奠基典礼、竣工典礼、颁奖典礼等。

庆典的目的是向社会宣传自身的形象、塑造自身的形象，并使社会广为了解其商业价值、产品及服务等。

（二）庆典活动的准备（以开业典礼准备为例）

（1）充分做好宣传工作。

①宣传媒介：可以通过媒体广告、促销活动、邀请嘉宾等方式进行。

②宣传内容：开业典礼举行的日期、地点，开业之际对顾客的优惠，开业单位的经营特色等。宣传要搞得轰轰烈烈，烘托出热烈、隆重、喜庆的气氛，给公司的客户、合作伙伴、上级领导、全体员工等留下深刻的印象，从而提高企业的知名度。

③邀请媒体记者参加。邀请媒体记者在开业典礼举行之时到场进行采访、报道，以便对本单位进行进一步的正面宣传。

（2）拟写开幕词。

开幕词的基本内容包括对来宾表示感谢，介绍公司成立的目的、过程，经营的范围及公司以后的发展规划和安排等，语言要求突出庆典的"庆"。

（3）拟写典礼议程。

（4）发放请柬邀请来宾。

发放请柬要提前一定时间，便于被邀请者及早安排和准备。

（5）场地布置。

为显示隆重，可在来宾尤其是贵宾站立之处铺设红色地毯，并在场地四周悬挂横幅、标语、气球、彩带、宫灯等。

（6）准备物品。

① 场地用物品：主要包括场地四周悬挂横幅、标语、气球、彩带、宫灯、来宾的签到簿、本单位的宣传材料、待客的饮料、音响、照明设备等。

② 馈赠礼品：礼品要具有宣传性，可以选用本公司的产品，也可以在礼品及其外包装上印有本公司的企业标志、广告用语、产品图案、开业日期等，做到独特、有宣传效用。

（7）安排接待。

接待小组的具体工作主要是来宾的迎送、来宾的引导、来宾的陪同和来宾的招待。

（三）典礼议程

典礼议程就是庆典上项目的程序。下面以开业典礼议程为例进行介绍：

（1）主持人宣布典礼开始。

（2）全体起立，奏乐。

（3）宣读重要嘉宾名单。

（4）领导致开幕词，来宾致贺词。

（5）宣读重要的贺电、贺信。

（6）本公司领导致辞。

（7）邀请嘉宾揭幕或剪彩。

（8）引导来宾参观。

（9）迎接顾客。

三、签约仪式组织与管理

（一）签约仪式概述

签约是指缔约各方对会谈的最后文件进行共同签署的仪式，其作用主要在于体现各方对会谈成果的重视、确认会谈文件的效力、见证或扩大影响。

签约仪式严肃庄重，讲究礼仪与规范，因此在组织签约活动时要注意各个环节的衔接与人员的安排。

（二）签约仪式的准备

1. 布置签字厅

会场布置的总原则：庄重、整洁、清静。

（1）桌椅：正规的签字桌应为长桌，横放于室内，其上最好铺设深绿色的台布。签署双边性合同时，可放置两张座椅，供签字人就座。签署多边性合同时，可以仅放一张桌椅，供各方签字人签字时轮流就座，也可以为每位签字人都各自提供一张座椅。签字人在就座时，一般应当面对正门。

（2）文具：合同文本、台签、签字笔、吸墨器等。

（3）国旗：签署双边性涉外商务合同时，有关各方的国旗须插放在该方签字人座椅的正前方。

（4）会标：签字仪式的会标要求醒目，由签字双方名称、签字文本、标题和"签字仪式"组成。

（5）讲台：如果安排致辞，可以在签字桌的右侧放置讲台或落地话筒。

（6）香槟酒：有时在签字仪式结束后，各方举行小型酒会，举杯共庆会谈成功。工作人员应事先准备好香槟酒、酒杯等。

2. 安排签字座次

签字时各方代表的座次是由主方代为先期排定的，合乎礼仪的做法如下：

（1）在签署双边性合同时，客方签字人在签字桌右侧就座，主方签字人就座于签字桌左侧。助签人分别站立于签字人的外侧，随时对签字人提供帮助。双方其他随员可以按照一定的顺序在己方签字人的正对面就座；也可以依照排位的高低，依次自左至右（客方）或是自右至左（主方）地列成一行，站立于己方签字人的身后。当一行站不完时，可以按照以上顺序并遵照"前高后低"的惯例排成两行、三行或四行。原则上，双方随员人数应大体上相近。

（2）在签署多边性合同时，一般仅设一个签字椅。各方签字人须依照有关各方事先同意的先后顺序，依次上前签字。

（三）预备待签的合同文本

（1）举行签字仪式的主方，在正式签署合同之前负责准备待签合同的正式文本。

（2）举行签字仪式的主方，会同有关各方一道指定专人，共同负责合同的定稿、校对、印刷与装订。

（3）签署涉外商务合同时，比照国际惯例，待签的合同文本应同时使用有关各方法定的官方语言，或是使用国际上通行的英文、法文。

（四）规范签字人员服饰

正式商务签约仪式，签字人、助签人及随员，在签字仪式上要求穿正装出席。礼仪人员、接待人员，可以穿自己的工作制服，或是旗袍一类的礼仪性服装。

四、签约仪式的程序

签约仪式应礼仪规范、庄重热烈，程序如下：

（1）签字仪式正式开始。

（2）签字人正式签署合同文本。

> **注意**
>
> 通常的做法是先签署己方保存的合同文本，再签署他方保存的合同文本。这一做法，在礼仪上称为"轮换制"，其含义是在位次排列上，轮流使有关各方均有机会居于首位一次，以显示机会均等、各方平等。

（3）签字人正式交换已签署的合同文本。

（4）各方一起合影留念。

（5）共饮香槟酒，互相道贺。

> **案例阅读**

"××"新型电动车产品发布会策划方案（案例）

一、发布会的目的

1. 通过发布A车业发展有限公司新一代产品——"××"新型电动车正式研发成功的消息，强势进入市场，打造新产品的知名度。

2. 借助媒体的力量，提高"××"新型电动车的美誉度。

3. 宣传A车业发展有限公司的独特经营理念和商业优势，增强经销商信心，开拓新产品销售渠道，加强对用户的吸引力，从而推动新品的市场发展。

二、与会时间和地点

发布会时间：2020年1月20日

发布会地点：B酒店多功能会议厅

发布会规模：60人左右

三、发布会与会人员

（一）来宾

1. C集团领导（注：A车业发展有限公司是C集团的下属子公司之一）（嘉宾）。

2. 电动车行业知名人士（嘉宾）。

3. 经销商代表。

4. 客户代表。

（二）媒体人士

1. 报界：《××日报》（×人）、《××晚报》（×人）。

2. 广电界：××广播电台（×人）、××电视台（×人）。

3. 网络：××网（×人）、××在线（×人）、××直播（×人）。

（三）主持人1名

（四）本公司人员

1. 本公司领导。

2. 本公司员工代表（30～40人）。

四、发布会议程

9:00 酒店大厅接待来宾，电动车行业知名人士、经销商代表、客户代表、媒体人士等签到。

9:25 引导所有来宾进入会场。

9:35 播放企业宣传片。

9:45 主持人请来宾就座。

9:55 主持人宣布产品发布会开始并介绍公司领导、来宾和媒体。

10:00 公司和集团领导致辞（各10min，留5min主持人串场）。

10:25 公司和集团领导与嘉宾共同拉开新品幔布，并有请电动车行业知名人士讲话（共计20min，留5min主持人串场）。

10:50 新产品展示，展示产品的外观、特点、性能和使用方法，并解说（5～10min）。

11:00 来宾提问，市营销负责人、项目负责人、公司和集团领导作答。

11:25 会议结束，安排来宾退场，请媒体人士稍候（背景音乐播放）。

11:30 公司和集团领导与媒体人士详细交流。

市场营销负责人与各位经销商代表座谈、签约等。
12:10 午宴。
13:30 午宴结束，赠送礼品，欢送来宾。

五、会场布置

会场以横幅、海报、鲜花、绶带、气球、音乐、礼花等烘托热烈、隆重、喜庆的气氛。

（一）场外布置

1. 酒店外

（1）拱门（1个，位于酒店正门口前，8m跨度）。

（2）带有公司标记的娃娃（2个）。

（3）鲜花（拱门周围，数量20盆左右）。

（4）礼仪小姐（10人左右）。

（5）迎宾乐队（8人左右，位于会场门口）。

（6）会场门前沿途15m安设彩旗，悬挂红色条幅1~2条（横幅：悬于酒店正门，内容为"热烈欢迎参加'××'新型电动车产品发布会的各位来宾"）。

（7）升空气球（6个，悬挂致贺竖幅）。

2. 酒店大厅

（1）签到台安排。

①2张（来宾签到台和媒体人士签到台各1张）。

②主要物品：蒙红色绒布桌子2张，椅子4把，签到本2册、名片盒2个。

③人员：每张签到台2人，共4人（职责：分别负责来宾和媒体人士的接待签到，分发资料袋、代表证、礼品袋等工作）。

（2）指示牌安置：标明会场、休息厅、就餐、礼品发放等地点的指示牌。

（3）礼仪引导员：主动引导。

（二）场内布置

1. 主席台：大型背景板（1个）

（1）小型演讲台（1个，位于主席台左侧，放置座式麦克风、笔记本电脑、装饰鲜花，演讲台正面贴品牌LOGO）。

（2）主席台前装饰10盆鲜花。

（3）嘉宾席（正对主席台的第一排，座位前设蒙红色绒布长桌，上摆与会嘉宾姓名座牌、饮料、纸、笔）。

（4）记者席（正对主席台第2~3排）。

（5）经销商代表、客户代表席。

（6）会场两侧分别摆放易拉宝或海报，每侧各2幅；摄像机机位正对主席台。

（7）现场展示公司的企业文化、特色、优势、企业未来发展前瞻等宣传资料。

2. 新品展示台

在会场两侧搭两个展示台，用于展示新品。

3. 会前宣传片

会前播放企业宣传片及产品宣传幻灯片等视听材料。注意落实音响设备调试及播放的工作人员。

4. 会场展示设计及布置

会场展示设计及布置由某广告会务公司协助完成。

六、发布会筹备事务安排

（一）会务组织机构

组委会组长：公司销售副总（负责整个发布会的筹划、安排和协调，下设以下几个会务工作小组）。

1. 秘书组

组长：何××；成员：王××、潘××

职责：负责发布会领导与嘉宾演讲稿的撰写、资料制作与装袋工作、会务前期材料准备工作、会务中各项活动的安排和协调、会务后期文件归档整理等。

2. 接待组

组长：林××；成员：李××、王××、何××、杨××

职责：负责与会嘉宾联系、确定与会人员数量、与会人员签到、与会者的引导及就座、纪念品的发放、车辆安排等。

3. 宣传组

组长：王××；成员：何××、白××、李××、周××

职责：负责新产品宣传册制作、会场布置、展示台布置、音响效果、摄像工作、媒体人员联系和媒体发稿等。

4. 后勤组

组长：张××；成员：李××、周××、何××

职责：负责会议期间的吃住行安排、会场秩序维持、设备维护、医疗保健工作、会场环境卫生等。

（二）筹备事务完成大致时间

1. 2019 年 11 月 20 日前，召开发布会筹备工作会议，各会务工作小组由组长负责带领按计划完成各自的工作任务。

2. 2019 年 11 月 30 日前，完成发布会策划方案的定稿工作。

3. 2019 年 12 月 5 日前，具体落实发布会地点。

4. 2019 年 12 月 10 日前，确定好参会人员名单，包括来宾、媒体人士、主持人，并发放邀请函。

2019 年 12 月 15 日前，完成企业宣传单、台卡、背板、邀请函、横幅、海报、公司展示图片等工作。

5. 2019 年 12 月 25 日前，完成上述材料印刷工作，联系相关媒体发布相关新闻进行预热。

6. 2019 年 12 月 30 日前，最后确认来宾名单、客户资料、与会总人数。

7. 2019 年 12 月 10 日前，召开协调会议，各会务工作小组组长向秘书处汇报工作进展情况，同时就会务各项事务做好统筹协调工作。

8. 2020 年 1 月 15 日，就会务工作细节问题与酒店沟通。

9. 2020 年 1 月 18 日，最终确定场地，完成餐饮地点住宿房间安排、物料运送、气氛营造、背景布置、设备调试、桌椅安排（来宾位置）等工作。

2020 年 1 月 19 日，物品检查、人员检查、资料检查、礼品检查、会场检查。

2020 年 1 月 20 日，发布会开始。

（三）发布会文件袋装袋资料说明

1. 会议手册
2. 相关图片、笔、信笺
3. 会议代表证
4. 新品文字资料（招商）
5. 企业宣传册
6. 其他资料

七、发布会所需工作人员、物料等清单

礼仪小姐（10 人，会场门口）

签到人员（4 人，大厅）

引导员（8人，其中大厅4人、会场4人）
主持人（1人，会场）
摄影师及摄像设备（1人1套，场内）
数码相机（3人3部，场内）
横幅（2条，会场）
鲜花（10篮，主席台）
贵宾名片卡（10张，嘉宾座位）
签到本2本、名片盒2个（接待台和会场门口）
笔记本电脑（2部，接待台和演讲台）
大型喷绘背景墙（1面，会场背景墙）
产品展示台（2个，会场）
赠送礼品（100份，来宾赠送）
新品LOGO（1块，演讲台）
资料袋、笔、信笺（各100份，应邀来宾）
请柬（120份，邀请来宾）
指示牌、写真（6张，会场门口和大厅）
矿泉水（10箱，宾客接待待定）
苹果、香蕉、葡萄（各5箱，来宾招待）
企业宣传片幻灯片、新产品讲解幻灯片（各1段，介绍）
代表证、记者证、工作证
新品海报（20份，会场布置）
胸花（15份，部分嘉宾）
蒙红面布（2块，产品覆盖）
录音带、光盘（2套，音乐播放）
所展产品、道具（1套，产品展示）
会场专用接待车（2部，接送嘉宾）

八、经费预算

经费预算表

项　　目	金　额/元	备　　注
会场租赁费	3000	
会场布置费用	3000	
广告宣传费	5000	
文件资料费	1000	
礼品费	3000	
劳务费	3000	
其他	2000	
合　　计	20000（大写：贰万元整）	

A车业发展有限公司产品发布会筹备秘书处
2019年11月15日

知识拓展

如何控制会议的现场气氛

作为会议的组织与管理者,如何控制会场气氛是一项极具挑战性的工作,下面列举一些方法供参考。

(1)主持人应提前到达会场,会议参加者进入会场时要与他们打招呼,或进行短时间的非正式交谈。另外,如果时间允许,可以在会前介绍与会人员相互认识。

(2)做到准时开会,不要因为个别人对会议的冷漠态度或尚未到场而耽误大家的时间。除非特殊原因,一般不可以推迟或取消会议。推迟或取消会议实际上是在扰乱别人的计划,会影响别人工作效率。

(3)会议开始后,先要简明扼要地引出主题,说明讨论的目的,让每一个与会者明白会议要达到什么效果。

(4)在会议过程中,鼓励与会者参与讨论和发表自己的见解,还要注意避免讨论中可能出现的任何不和谐因素。

(5)在会议的某段时间里,要集中讨论某个议题,让与会人员轮流表达自己的看法。

(6)对已表述的观点要及时加以概括总结,以引导会议顺利进行。

(7)当会议讨论偏离主题时,主持人需要提醒大家紧扣主题。

(8)当会场出现混乱时,应保持镇静,及时采取措施结束混乱状态,切不可自由放任。

如何辅助引导会议的进程

如何辅助引导会议的进程并最后促使会议决议的有效形成,这对会议组织者提出了更高的要求。

引导会议的进程是指根据会议目标的需要,在会议进行过程中创造与会议目标相适应的环境气氛,掌握会议议程,维护会间秩序,排除外界对会议的干扰,从而引导决定、决议、结论的形成。

引导会议进程的方法主要有以下几种:

(1)会议召开之前,必须认真研读有关文件材料,了解议题和议程,了解与会者的构成情况及基本意见倾向。

(2)明确会议开始和结束的时间,准时开会和散会。

(3)会议较长时,建议安排短暂的休息并掌握好时机,休息时间最好不要安排在发言高潮或是某一问题的讨论尚未结束时。

(4)在参与组织讨论时,建议规定讨论与不讨论的界限,给每位与会者以平等的发言机会和权利。

(5)当时机成熟时,建议与会者适时终止讨论或辩论,及时确认结论,形成决议,一个议题结束后应立即转换议题,以免耽误时间或节外生枝。

(6)多议题会议的议题安排次序应科学合理,一般情况下,需要大家开动脑筋、献计献策的议题应放在会议前半部分进行。

如何控制会议的成本

会议成本是一次会议所需费用的总和。加强成本观念不仅有利于节约资金,而且能提高效率。

一、成本计算方法

如何计算会议成本呢?计算会议成本的简便公式为

$$会议成本 = 2A \cdot B \cdot T$$

式中：A——与会者平均工资的3倍；
　　　B——与会人数；
　　　T——会议进行时间（以"h"为单位）。

【什么是会议成本】

平均工资之所以要乘以3，主要是因为劳动产值远比平均工资高得多；再乘以2是因为开会使正常工作停顿，从而影响工作的连续性，损失应该以2倍计算。

当然，上述公式侧重计算的是会议的直接成本，并未考虑会议的实际效果。如果会议多余、无效或产生错误决策，由该会议带来的负面影响（间接成本）可能会比直接成本高昂得多。

二、会议成本控制方法

（1）做好科学合理的经费预算工作。

（2）提出比较合乎实际的会议成本计算公式，并计算出会议成本。

（3）送审会议计划时，同时上报会议成本计算，将全部款额作为会议的经费预算。

（4）上级在审批预算时，可将这一款额中的有形成本与无形成本一并计算且分别"拨付"。

（5）对超过预算的有形支出与无形支出需要提出相应的合乎实际的解决方法。

剪彩仪式

剪彩仪式是有关组织为了庆贺成立开业、大型建筑物落成、道路桥梁落成首次通车、大型展销会开幕等而举行的一种庆祝活动。

一、基本程序

（1）请来宾就位。在剪彩仪式上，通常只为剪彩者、来宾和本单位的负责人安排座席。在一般情况下，剪彩者应就座于前排。若其不止一人时，则应使之按照剪彩时的具体顺序就座。

（2）宣布仪式正式开始。在主持人宣布仪式开始后，乐队应演奏音乐，现场可燃放鞭炮，全体到场者应热烈鼓掌。此后，主持人应向全体到场者介绍到场的重要来宾。

（3）奏国歌。此刻全场必须起立。必要时，也可随后演奏本单位标志性歌曲。

（4）进行发言。发言者依次应为东道主单位的代表、上级主管部门的代表、地方政府的代表、合作单位的代表等。每人不宜超过3min，重点分别应为介绍、道谢与致贺。

（5）进行剪彩。此刻，全体应热烈鼓掌，必要时还可奏乐或燃放鞭炮。在剪彩前，必须向全体到场者介绍剪彩者。此项过程必须标准无误。

（6）进行参观。剪彩之后，主人应陪同来宾参观被剪彩之物。必要时以自助餐款待全体来宾。

二、服务要求

当主持人宣告进行剪彩之后，礼仪小姐即应率先登场。在上场时，礼仪小姐应排成一行行进。从两侧同时登台或是从右侧登台均可。登台之后，拉彩者与捧花者应当站成一行，拉彩者处于两端拉直红色缎带，捧花者手捧花团。托盘者须站立在拉彩者与捧花者身后一米左右，并且自成一行。

在剪彩者登台时，引导者应在其左前方进行引导，使之各就各位。剪彩者登台时，宜从右侧出场。当剪彩者均已到达既定位置之后，托盘者应前行一步，到达前者的右后侧，以便为其递上剪刀、手套。

剪彩者若不止一人，则其登台时也应列成一行，并且使主剪者行进在前。在主持人向全体到场者介绍剪彩者时，后者应面含微笑向大家欠身或点头致意。

剪彩者行至既定位置之后，应向拉彩者、捧花者含笑致意。当托盘者递上剪刀、手套，也应微笑着向对方道谢。

在正式剪彩前，剪彩者应首先向拉彩者、捧花者示意，待其有所准备后，集中精力，右手手持剪刀，表情庄重地将红色缎带一刀剪断。若多名剪彩者同时剪彩时，其他剪彩者应注意主剪者动作，主动与其协调一致，力争同时将红色缎带剪断。

按照惯例，剪彩以后，红色花团应准确无误地落入托盘者手中的托盘里，切勿使之坠地。为此，需要捧花者与托盘者的合作。剪彩者在剪彩成功后，举手鼓掌。接下来，可依次与主人握手道喜，并列队在引导者的引导下退场。退场时，一般宜从右侧下。待剪彩者退场后，其他礼仪小姐方可列队白右侧退场。

不管是剪彩者还是助剪者在上下场时，都要注意井然有序、步履稳健、神态自然。在剪彩过程中，要表现得不卑不亢、落落大方。

三、颁奖仪式

颁奖仪式是为了表彰、奖励某些组织和个人所取得的成绩、成就而举行的仪式，其工作主要有：会场布置、座位安排、颁奖程序。其中颁奖程序中的环节最为重要。

大会开始前播放音乐，奏乐或敲锣打鼓欢迎授奖人员和来宾入座。组织负责人主持会议，宣布大会开始。有关领导讲话，介绍重要来宾，宣读颁奖决定和人员名单。举行颁奖时，由组织请来的重要宾客、上级领导或本组织的负责人担任颁奖人，受奖人在工作人员的引导下，按顺序依次上台领取证书、奖杯。此时，可奏乐或敲锣打鼓。如果是来访的外国人士受奖，最好有乐队伴奏，必要时悬挂两国国旗。

颁奖时颁奖人面向公众，受奖人站在颁奖人对面接受奖品、荣誉证书、奖杯等。同时，双方互相握手示意，祝贺感谢。然后受奖人面向公众示意，或鞠躬，或挥手，或举起奖杯、奖状、证书等。接着，请来宾致辞，由颁奖者和受奖者先后致辞。最后，大会宣布结束，音乐、锣鼓再次奏响，欢送受奖人员和全体来宾。颁奖仪式结束后，组织可安排一些文艺演出或播放影片助兴。

能力训练

训练一

任务：某公司要将一款新产品推向市场，公司将新产品发布会的策划与组织工作下达给市场企划部，市场企划部决定全力合作，力求完美完成此项任务。

要求：请同学分组模拟新产品发布会的策划与组织实施的全过程。

目标：巩固对会议管理的理解，完成会议策划与组织管理的实施。

能力点：会议管理全程实施、团队合作、沟通交流等。

实施步骤：

（1）学生6～8人为一个小组，1人任组长。

（2）每小组确定会议主题，在得到教师的认可后，实施会议策划与筹备，完成会议筹备方案。

（3）学生分小组实施会议操作，并完成会后相关事项。

（4）教师小结，每位同学写出实训报告及总结。

（5）每小组整理会议材料并归档上交。

训练二

任务：分析案例、陈述观点。

目标：进一步加深对会议筹备管理工作的认识。

能力点：讨论分析、合作交流、陈述表达。

实施步骤：

（1）阅读案例。学生4～6人为一个小组，1人任组长。

（2）分小组讨论交流。

（3）小组派代表陈述。

（4）教师小结，每位同学写出实训报告及总结。

训练三

××公司准备在××大厦召开大型的新产品订货会，有本单位、外单位人员参加。总经理让行政部门负责翻拍会上要放映的电影资料，进行产品操作演示。会议的召开时间是8月9日上午10:00，而资料放映时间是10:15。公司没有放映机，会务组将租借放映机的任务交给了行政部助理小刘。小刘打电话给租赁公司，要求租赁公司在9日上午9:45必须准时把放映机送到××大厦的会议厅。

9日上午，会议开幕前，××公司的会务人员正在紧张地做最后的准备工作。小刘一看表，已经9:50了，放映机还没有送到。小刘马上打电话去问，对方回答机器已经送出。眼看着各路来宾已陆续进场，小刘心急如焚。

问题：

（1）如果你是小刘，对接下去可能发生的各种情况，应该如何处理？

（2）假如放映机在10:10还未送到，应马上向总经理报告还是擅自决定调整会议议程？

（3）向总经理报告后，还应该做些什么？

（4）召开大型会议前各种准备工作，包括音箱、放映机等电子类设备一般应安排提前多长时间？

训练四

A公司原定于12月25日18:00在某娱乐总汇召开公司成立两周年庆祝活动。为此，还专门发出请柬，请有关部门领导光临，在请柬上把时间、地点写得一清二楚，而且还通知了全体员工下班后前往。可当12月25日17:00，部分公司员工提前赶到某娱乐总汇时，却发现所预订的能容纳50人的大包房已为B公司所用。

这是怎么回事？明明一个月前就已预订的房间，怎么会被他人所占，A公司员工很纳闷，经过询问才知道，原来该娱乐总汇只有一间能容纳50人的大包房，A公司行政助理预订时，B已经预定，但正与娱乐总汇联系欲变更原先预定的时间。当时大堂负责人对A公司行政助理承诺："若B公司更换了房间，则包房由A公司使用，不再通知。若B公司活动的时间与A公司活动时间相冲突，会及时通知A公司。"由于娱乐总汇工作人员的疏忽，忘了将B公司活动时间与A公司活动时间相冲突的情况告知A公司。

结果A公司行政助理和部分员工与娱乐总汇的工作人员就这一问题发生了争执和冲突，造成了被邀来参加活动的50多人滞留在大堂两个多小时，最后交涉未果，不得不再前往附近的一宾馆进行活动。

虽然A公司成立两周年的庆祝活动还是在当天21:00举办了，但员工们的兴致普遍大打折扣，最后活动早早收场，大家扫兴而归。

问题：

（1）为什么A公司成立两周年的庆祝活动没能取得预期的效果？

（2）如果你是A公司的行政助理，你会如何预订包房？

（3）作为行政助理，如果你在活动当天发现所预订的包房已经为他人所用，你将会如何处理？

训练五

某公司召开新产品推荐会，助理小李负责签到并发放会议资料及就餐券。上午集中来签到的人太多了，小李就让签到者自己去拿放在桌子上面的资料。之后当他清点资料和就餐券时，发现还有30名代表没有签到，而资料却只有20份了，就餐券也少了好几张。

问题：

小李的问题出在哪里？会议组织者在会议签到时应注意哪些事项？

思考与练习

（1）什么是会议？会议要素有哪些？企业常见会议有哪些类型？

（2）会议管理分几个阶段？各个阶段的基本工作流程有哪些？

(3) 会议议程、会议日程、会议程序有何不同？
(4) 会议通知发放工作要注意哪些问题？
(5) 简述会议筹备方案、会议通知、会议记录、会议纪要、会议简报、会议新闻报道、会议总结、会议开幕致辞、闭幕致辞、主持人会议主持稿的写作格式与注意事项。
(6) 课外了解企业商务活动类型，分别阐述开业庆典活动、签字仪式、开工仪式的活动基本流程。

模块四
企业公共关系管理

>【学习目标】

知 识 目 标	能 力 目 标
（1）了解企业行政沟通与协调的含义和特点。 （2）了解企业对外关系的内容	（1）熟悉企业行政沟通与协调的内容。 （2）掌握企业行政沟通与协调的方法。 （3）掌握形象管理内容并能分析

>【案例引导】

胡先生的灯具装配公司在一开始创办时就非常注重产品质量和品牌意识，随着规模的扩大，公司开始着手产品品牌的设计与创建，但因为订单的大量涌入而使产品在质量层面出现不稳定的现象。为了稳定产品的质量，胡先生开始控制生产量。由于经营效益非常好，胡先生决定让员工也一起分享公司的成功。基于这两方面的考虑，胡先生决定在即将到来的3个月里实行4天生产、3天休息、工资不变的制度。在该制度实行一个月后，一位员工向胡先生要求，他宁愿得到加薪也不愿得到额外的休息时间，并说这不是他一个人的想法，还有许多员工与他的想法相同。胡先生很不理解，员工月收入已达5000元以上，上班还包工作餐，工资水平比当地其他企业高出20%，如果是自己在薪金与休息之间进行选择的话，他会毫不犹豫地选择后者。他以为他的员工也会有同样的想法。

胡先生只好召集10名员工代表开会，询问他们的想法，但他在选择是希望得到3天休息还是1000元薪金的举手表决中看到，选择这两种方案的员工各占一半。最终，胡先生与公司的管理者们及时调整了管理办法与激励制度，在保障了产品的质量的同时加强品牌意识，继续使企业的面貌欣欣向荣。

讨论：

胡先生的激励措施为什么遭到部分员工的反对？成功的管理者应该如何与员工实现有效沟通与协调？

> 【知识储备】

第一节 企业行政沟通与协调

　　企业作为一个独立的经济实体，必然有自己的预期目标和利益取向。而企业内部的各个部门由于所处的地位与责任不同，员工的岗位、知识、经验、智力、性格和观察问题的角度也存在差异，所以在执行企业决策、计划与制度的过程中，尽管有行政控制的存在，但还是会有许多的矛盾与利益冲突难以避免。要实现企业的目标，面向企业内外部的沟通与协调非常重要，许多问题都是可以通过一种综合性的企业行政沟通与协调管理职能加以解决的。

> **知识拓展**
>
> 　　沟通是人们社会生活的基本要求之一，沟通在管理的各个方面得到了广泛的运用。在企业管理中，沟通的重要性也越来越得到公认，企业各方面的沟通与协调的好坏，与管理绩效密切相关。要真正发挥企业领导与员工同心协力的潜能，实现组织目标，并不是简单地贯彻领导方式与激励的基本内容，而主要取决于作为组织成员的各方对组织目标及其实施方式的理解，并在多大程度上达成一致，这关系到企业的效绩。在企业行政协调工作中，无论是在企业外部的协调还是企业内部各部门及员工之间的协调，都必须以人与人之间的沟通作为前提。

一、企业行政沟通与协调的含义及特点

（一）企业行政沟通与协调的含义

（1）在各企业行政管理学研究中对沟通的定义甚多，较具代表性的定义为：沟通是人们在互动过程中，通过某种途径和方式将一定的信息由发送者传递给接收者，并获取理解的过程。这个过程通常伴有激励和影响行为的意图。沟通有两个基本条件，即要有信息的传递与理解。简单地理解，沟通是指人与人之间进行传达思想与交换信息并分享的过程。

> **特别关注**
>
> 　　古语中的"政通人和"，说的就是只有上下沟通，才能形成万众一心的和谐局面。企业行政沟通是指企业行政工作中，部门与部门之间、工作人员之间为了达成某种目标，用语言、文字、图片及动作表情等交换有关问题的内心感受、观念、意见、事实与信息等，以期获得相互的了解并产生一致行为的过程。沟通是双方的行为，也是一个过程，这个过程通常伴随激励和影响行为的意图。

（2）协调就是协同起来，步调一致，是人们为实现共同目的而把各自的行动加以配合的行为。

> **特别关注**
>
> 　　科学管理学家亨利·法约尔指出："协调就是连接、联合、调和所有的活动及力量。"协调也是一种把所有组织和个人的力量联合起来，使大家同心同德、一致行动的技巧。企业行政协调是指企

> 业行政管理过程的协调,是企业为达到一定的目标而引导有关部门及员工在利益上、行动上、数量上和时间上最大限度地协同起来,使他们之间建立良好的协作与配合关系,以实现共同的目标,完成共同使命的管理行为。协调既是一个过程,也是一种结果。

在一家企业中,重大的行政决策不是哪个部门能够单独做出的,而是需要许多部门共同参与,这样就少不了要进行企业行政协调。在企业中,各个部门的专业化分工程度越高,企业行政协调便显得越加重要,协调的难度也就越大。企业行政协调的目的在于企业内部各部门和员工之间在工作上密切配合、分工合作,避免工作重复与事权冲突;使各部门与员工在和谐一致的情形下执行任务,消除浪费,提高企业行政效率;使多数人的力量形成整体的力量,使个别的努力成为集体的努力,使单独的行动成为合作的行动;使每个企业员工在自己的工作岗位上尽职尽责。企业行政部门作为一个综合部门,具有联系上下、沟通左右的枢纽和桥梁作用,是参与管理、辅助决策的参谋和助手。这种特殊的地位决定了企业行政部门实际上就是协调部门。

(二)企业行政沟通与协调的特点

良好的沟通与协调决定着企业工作的目标能否实现,企业只有提高效率、质量、对顾客的响应度,才能获得竞争优势。有效的沟通对组织的管理者、成员来说,都是十分重要的。

1. 企业行政沟通的特点

(1)企业行政沟通是双向的信息传递及情感交流的过程。企业行政沟通是人与人之间的信息交流过程,由于人的心理因素及情感在沟通中起着作用,所以沟通就不是简单的信息传递的过程,而是伴随着思想、情感等的交流,因而会不由自主地受到情感及心理因素的支配,从而对沟通的效果产生很大的影响。通过沟通,人们不仅传递信息,而且表达赞赏或不悦,甚至提出自己的意见。沟通的内容除了信息本身的事实之外,还包括情感、价值取向及意见观点等。良好的沟通可以让信息在企业内外部进行准确、及时、完整的传递,保证企业运转顺畅,也有利于人们进行思想、情感的交流,增进了解、建立良好的人际关系。

(2)沟通双方个人的心理因素影响沟通的效果。由于沟通是双向的信息及情感的传递,参与沟通双方的心理因素会影响信息发出者发送信息所选用的语言、表达方式、沟通形式及信息接收者对信息的接受与理解,所以企业行政沟通是带有丰富的感情色彩的人际交流。在这样的人际交流过程中,人的爱憎、喜怒、哀乐及丰富的想象力都会不由自主地支配信息的传递与交流的过程,即沟通是带有丰富的个人感情色彩的交流。例如,同样一句话,不同的人在不同的场景,以不同的方式去表达,会传递不一样的信息,而不同的人在听,也会做出不同的理解,其原因除了信息接收者个人能力水平差异之外,最重要的是心理因素的影响。

(3)企业行政沟通的主要载体为语言。在企业行政沟通过程中,语言是最基本的工具。这里的语言包括口头语言、文字语言和肢体语言等,其中文字语言包括各种报表与数据图片的资料,肢体语言包括表情与姿态等。选择合适的沟通语言,不仅词句应准确、清晰易懂,而且语言形式要恰当,选择不同形式的语言进行沟通,其效果是不一样的。

2. 企业行政协调的特点

(1)权威性与目标导向性。从企业行政协调的目的来看,要想使一个方案发挥出最佳效果,协调者在行政级别上必须高于被协调的几个平级部门或个人,只有这样方可使协调具有权威性,以便于协调方案的顺利实施。企业行政协调是为了有效地实现企业的预期目标而开展的工作,它必须以企业的总目标作为行为的导向。只有在企业的总目标的指导下,企业行政协调机构或人员才会对企业各部门的子目标加以调整,引导它们之间分工协作、互相配合,从而同步和谐地完成任务和工作。

(2)约束性与强制性。由于企业的各个职能部门及在不同岗位上的员工都是一个相对独立的利益单位,它们在追求自己部门利益最大化时往往会忽视企业整体利益,于是企业行政协调便应运而生。但只有在保证企业行政协调具有一定的约束力和强制力的基础上,企业行政协调才能发挥其真正的效力,一旦制订的协调计划下达之后,各部门就必须按照协调计划上所规定的要求去开展各自的工作,必须以协调方案作为自己行动的导向。

(3)广度性与深度性。企业行政协调所涉及的范围很广,不仅指企业内部各方面的协调,而且指企业外部的协调,具有很大的广度性。深度性是指企业的协调工作不仅是对各部门工作计划的大体上的协调,而且往往要细化到对一些具体操作层面及步骤上的细枝末节的协调;不仅是对企业各部门之间的部门利益的协调,而且要深入每个岗位上对企业员工的个人利益进行协调;不仅是对企业组织体制、利益分配、工作职责的硬协调,而且要进一步深入各部门,在管理方式、员工的思想认识等方面进行软协调。

(4)成本性。由于企业是一个独立的经济实体,企业的各种管理活动都要计入企业营运的成本中加以核算,所以企业行政协调相对于政府行政协调而言,其成本特征就更为突出。企业在从事行政协调时,随时随地都要想到如何以最低、最少的投入获取最高、最多的产出。因此,在对协调方案进行决策时,不仅要看方案实施效果如何,而且应该注意方案执行的成本怎样,必须将效果与成本做比较与考察。

案例分析

马某34岁了,在一家保险公司工作,由于工作出色,被公司任命为索赔部经理,那是一个受到高度重视的部门。走马上任后,马某了解到在自己谋求索赔部经理这一职位的同时,还有两位业务能力很强的同事（吴某和苏某）也曾申请过这个职位。他确信公司之所以任命他到这个职位，部分原因也是为了避免在两个有同等能力的员工中做出选择。马某在索赔部的第一个月的业绩很不错，他对部门员工的素质及能力也感到十分满意，即使是吴某和苏某也表现得非常配合。于是，马某信心百倍地决定用培训员工及安装新计算机系统的计划来推动部门快速发展。然而，当马某提出实施这一计划时，苏某却埋怨说他在还没有完全了解部门运作程序前就这样干，显得有些操之过急。马某认为苏某可能还没有完全地接受他得到了她想要的职位的事实，当吴某来找马某的时候，这一点似乎得到了证实。吴某说，在面对所有即将到来的变革时要关注一下员工的士气，他甚至对马某暗示说某些人正考虑要提出调任。尽管吴某没有指名道姓，但马某确信苏某是问题的根源。因此，马某一方面谨慎地推出新计划，另一方面对苏某的言行保持一定的警觉。在日后的工作中，苏某隐约地觉察到这位新上任的马经理正在与她疏远，这使她陷入苦恼之中。

马某和苏某的冲突主要是沟通的问题，部门领导只有建立良好的沟通渠道，才不会导致上下级之间的理解偏差。

分析一：马某和苏某的冲突在哪里？

（1）无论马某学习能力有多强，刚到部门一个月，对于手头的事务的理解度本身不会比另外两个熟手熟练。

（2）作为一个管理者，首先要懂得下属的工作，这样在和下属沟通的过程中才可以有的放矢。只听取了吴某的暗示，而不注重苏某的直言，从另一个角度反映了马某的工作经验及成熟度的欠缺。

（3）部门取得的业绩，不单是领导有方，更需要靠下属的执行力，而这点已经证实了。吴某和苏某都是很有能力的。有能力，必定会出现办公室政治，而两者也同时申请过这个位置。在这点上，马某没有做好准备面对下属分别对待，并采取抵触反面意见的方法。

（4）马某自以为是地认为吴某说的人就是苏某。从这点可以看出，马某对自己的判断太过于自信，为什么吴某说的就不是其他人呢？其实，这个只要通过谈话就会探出苏某的想法（这个部门是被高度重视部门，没有人会愿意随便离开的，这样苏某的走就不符合逻辑了）。

分析二：这是员工问题还是纯业务问题？

员工问题，是吴某排挤苏某的办公室政治。导致马某这种行为的原因，也在于马某此人的成熟和心智能力。无论任何问题，其实归根结底还是人的问题。

分析三：马某的到来是争论点吗？

第一种观点：当然会是，因为以下理由。

（1）新来的人总会被关注。

（2）苏某和吴某很想知道马某是什么样的人。

（3）马某不懂得部门的人际关系，他的沟通协调能力有多强，还有待证明。

假设如果马某不来，那么吴某和苏某谁会被提拔就是争论点。也就是说，这个管理者是谁才是主要关键点，部门的政治也是围绕这个话题开展的，因此马某的到来确实是争论点。

第二种观点：马某的到来不是争论焦点，而是对于部门业务发展计划，是否过于急于求成，这个才是马某和苏某的分歧所在，吴某因为对苏某提出意见的动机有所曲解，所以使领导的决策发生了偏差。

分析四：吴某是如何卷进去的？

两种情况，一种是确实有人要调离，真心描述事实；另一种是怕苏某在马某变革的时候提醒他，怕苏某因此而获得赞赏（这个基于吴某对马某的人性分析）。不过总体来说，吴某确实希望部门能够顺利变革（给马某在变革的时候提建议，另外，是否真的说过要调离的人是苏某，无人得知）。

分析五：如果你是马某、苏某或是吴某，你将如何做？（可多选）

☐ 指派两个重要的、不同的任务分别给苏某和吴某，暗中观察，不宜急于求成。

☐ 弄清楚部门的关系网络。
　　☐ 了解苏某和吴某的性格。
　　☐ 了解部门的主要工作。
　　☐ 由于暗中学习及观察，让下属捉摸不透。
　　☐ 取消变革的想法。
　　☐ 其他。
　　你的做法是怎样的？
　　分析六：作为一个索赔部门的经理，马某需要了解些什么呢？
　　其实都是人的关系网在作怪。马某来部门之前，在业务能力方面不会有太大的问题（除非上级指派马某是错误的）。因此，在部门静待其变，了解人际关系深度是关键。
　　马某最后的做法是：发生这件事情后，马某开诚布公，跟部门员工一起坐下来开研讨会，针对发展计划做一个深入的讨论，让员工指出各自同意的原因和反对的原因，虚心听取意见，从中来发现问题，然后对计划做出修改，让员工都乐于接受发展规划，并反省自己单向制订计划、不考虑员工感受、打击员工积极性的做法。
　　思考：你认为他们还需要做哪些沟通？

二、企业行政沟通的过程与协调的内容

（一）企业行政沟通的过程

　　沟通就是发送者将信息通过选定的渠道传递给接收者的传播过程，以及接收者对发送者的信息做出反应的反馈过程，带有个体的情绪、认知、态度等心理特征。它不仅是一种逻辑传递，而且是一种理性与情感的混合交流。企业行政沟通的过程包括7个阶段，如图4.1所示。

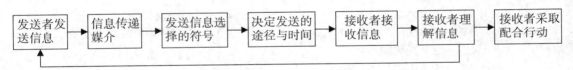

图4.1　企业行政沟通的过程

1. 发送者发送信息

　　发送信息一方首先应该决定发送何种信息，也就是决定发送的内容。信息的内容越简明，意愿沟通的效果就越大；而意愿的形成，则因发送人的人格、知识、文化、经验、能力及目的等因素而定。

2. 信息传递媒介

　　传递信息的媒介选择，对发送的效果影响很大，因而必须做慎重的选择，应注意以下几点：

　　（1）接收者的认知能力。如文化程度低，则一般用简单文字或是口语为发送媒介；如是聋哑人，则需要选择文字为发送媒介。

　　（2）接收者的数量。如果是两三个人面对面地发送信息，则可以面谈为媒介；如人很多，则宜运用文字或通过大众传播作为媒介。

（3）所发信息的性质。如信息意愿是长久性的，而且属重要事项，则宜用文字媒介；反之，可用口头语言为媒介。

3. 发送信息选择的符号

当发送信息的媒介选定之后，则须根据媒介将信息转化为一连串的符号，以便透过媒介来发送，如将信息转化为语言、文字或各种姿态。

4. 决定发送的途径与时间

信息的发送效果与发送的途径及时间关系密切。同一信息可以由发送者直接向接收者传递，也可以以某个中间人为媒介向接收者传递。一般来说，直接发送的效果比间接发送的效果大，但在某些情况下，即当信息发送者不宜向接收者直接发送信息时，可采用间接发送方式。至于发送时间，更应做慎重的选择，如果接收者心情不佳时，向其发送信息的效果一定不会理想。

5. 接收者接收信息

信息的发送必须是有目标与目的的，即针对某个人或某些人，否则将失去表达发送者发送意愿的作用。要让接受人对信息感兴趣，愿意接收信息。

6. 接收者理解信息

接收者收到所发送的信息后，对这些信息愿意做了解并理解，其结果可能为以下3种情形：

（1）完全了解发送者所发送的信息的意愿，并认为合理正确，因而全部接收信息。

（2）只部分了解发送者所发送的信息，并认为合理正确，因而只接收了一部分信息。

（3）虽然了解发送者所发送的信息，但认为并不完全合理或正确，因而拒绝或只接收了一部分信息而拒绝了另一部分信息。

当接收者对信息的了解属于上述3种情形时，接收者对所拒绝的那部分信息意愿可能会转化成自己的另一种意愿再向发送者发送，此时原来的发送者变为接收者，原来的接收者变为发送者，经过这种互相发送与接收，最后双方取得意愿的一致。

7. 接收者采取配合行动

意见沟通的目的在于采取某种行动，在接收者未采取行动时，不能认为意见得到了沟通。而采取行动的后果又分为积极与消极之分。如果经过意见沟通之后，接收者采取某种积极措施，支援发送者的行动，则可以扩大工作效果；或者，接收者采取消极的默许，不再反对发送者的某种行动，双方都认为是好的沟通。

（二）企业行政协调的内容

企业行政协调的内容十分广泛，贯穿于企业行政管理的各个阶段，如组织、决策、执行、控制等，都离不开协调活动。可以说，企业行政协调已经深入企业行政管理的全过程。

1. 企业内部关系的协调

内部关系有两层含义，一是指行政部门本身的工作关系，二是指企业内部的各种关系。行政部门内部要充分调动每一位员工的积极性，做到既要明确分工，又能互相配合，保证企业高效正常运转。从企业内部来说，各部门之间如能理顺关系和工作程序，完善运行机制，便能紧紧围绕中心任务和总目标协调一致地开展工作。内部关系协调是行政部门协调工作的重头戏，应下决心抓好。

2. 企业组织机构之间的协调

（1）企业上下关系协调。上下关系即纵向关系，主要指本企业与上级主管部门、上级企业或下级分支企业、部门之间的协调。上级企业采取沟通和其他有效措施协调与下级分支企业间的关系，从而形成良好的工作秩序、权责分工与合作。

（2）企业左右关系协调。本企业与平级的企业、单位的相互协调，简称为"左右协调"，包括本企业与兄弟单位之间的协调、本企业与友邻单位之间的协调、本企业与协作单位之间的协调。

3. 企业组织机构与环境之间的协调

企业的一切行动都受环境的影响，企业作为一个组织机构必须首先与外界进行物质、能量和信息的交换，方能取得生存的条件。尤其是在知识经济日趋占主导地位的今天，信息产业迅速发展，对作为市场经济的组成细胞的企业提出了更加迫切的要求，这就要求企业时刻关注外界的信息，及时分析、处理信息，并能准确恰当地运用信息。要搞好企业与环境之间的关系协调，就必须使企业在管理方式、方法、技术上跟上时代步伐，并对瞬息万变的外部环境做出迅速的反应。

> **案例阅读**
>
> 上海某高校为了保证教学工作顺利进行，一般都把各种会议安排在星期五的下午，时间通常为下午1:30—3:00。这虽然保证了教学时间，但也产生了新的矛盾，即会议时间过于集中，往往七八个系、处同时开会，而且都邀请校长参到会指导，可校长却分身无术。
>
> 校长办公室主任想了个办法，即要求各系、处要召开的会议提前一周申报，说明会议内容、所需要的时间、拟请哪位校长参加，分轻重缓急进行协调安排。有些会议由校长参加，有些会议可以由分管副校长参加，有些会议只要领导去听一听就可以了。校长了解情况的会议，可以分别安排在下午1:30—2:00、2:00—2:30、2:30—3:00参加。有些会议不是很急，就安排在下一周召开。有些会议内容并不是很重要，就不安排校长参加，并建议把会议记录或纪要呈送校长办公室，等校长抽时间批阅后提出书面或口头意见。
>
> 校长办公室把每周的会议安排打印成表格，在星期三以前发到各系、处再次征求意见，做局部的微调，在星期四下午定下后通知各系、处，以让他们准备星期五下午的会议。
>
> 校长办公室主任以这些方法协调解决了会议集中的矛盾，取得了各系、处的谅解和支持。

【沟通与协调】

三、企业行政沟通与协调的艺术

（一）企业行政沟通与协调的方法

1. 企业行政沟通的方法

企业行政沟通的方法按照不同的角度可以分为多种，如按沟通的组织系统分为正式沟通与非正式沟通，按沟通主体分为人际沟通、群体沟通、组织沟通与跨文化沟通等。最常用的沟通方法可以分为口头沟通、书面沟通、非言语沟通、电子媒介沟通等。

口头沟通是借助于口头语言进行的沟通，如交谈、报告、讨论、讲座、电话等，其特点是亲切、反馈快、弹性大、双向、效果好,但事后难以准确查证。书面沟通是利用文字进行的沟通,如合同、协议、规定、通知、布告、信函等,其特点是正式、准确、权威性,而且可以备查。各种行政沟通方式的比较见表4-1。

表4-1 各种行政沟通方式的比较

沟通方式	沟通形式	优点	缺点
口头	交谈、报告、讨论、讲座、电话等	快速传递及反馈,信息量大,弹性大	事后备查难;传递经过层次越多,信息失真越严重,核实越困难
书面	报告、信函、文件、期刊、纪要、布告等	持久,事后可备查	效率较低,缺乏反馈
非言语	体态语(表情、肢体动作)、语调语气、服饰标志、图形、声、光、色等	信息意义十分明确,内涵丰富,含义隐含灵活,易受关注	传递距离有限,界限含糊,有时只能意会而不能言传
电子媒介	传真、闭路电视、计算机网络、电子邮件等	快速传递,信息容量大,不受距离及人数影响,成本低	双向沟通效率较低

企业应该按照沟通内容的情况来确定沟通的方法,以获得较好的沟通效果。同时,应不断改进沟通方式,促进信息迅速流转,使企业内外部信息畅通,员工心情舒畅。另外,企业还应注意以下几个方面:

(1)沟通要有认真的准备与明确的目的性。
(2)沟通的内容要确切。
(3)沟通要有诚意,要取得沟通对象的信任与理解,并与之建立感情。
(4)提倡平等沟通。
(5)提倡直接沟通、双向沟通。
(6)设计固定沟通渠道,形成沟通常规。

2. 企业行政协调的方法

企业行政协调的方法有很多,不同的企业,有效的协调方法也不尽相同,最重要的是找到适合自己企业文化及管理的协调方法。一般来说,企业行政协调的方法有以下两种:

(1)组织体制协调法。它涉及职权等级协调系统和部门间协调系统。企业行政协调的起点是在企业内建立一个职权等级,规定企业各级的职务、责任和上下关系,旨在指导行政人员的活动和交往,从而反过来构成一种协调来实现企业的目标。企业行政协调还应建立部门间的协调系统,可以通过部门间协调企业规程、联席会议、领导者与智囊团抉择和计划部门抉择来进行。

(2)公共关系协调法。企业公关部是承担协调职能的机构,包括内部协调与外部协调,其主要任务是通过提供服务反馈信息、消除矛盾,协调企业内部上下级、部门、工作人员之间的矛盾,实现企业内部信息交流,创造一个团结协作、温暖和谐的内部人事环境。同时,它借助有效的沟通方式协调企业与政府、企业与其他企事业、企业与社区、企业与团体的关系,即融合企业内部与外部、企业与员工、企业与群体的关系。

要做好企业行政协调工作，还需要选择适宜的技术方法。技术方法有很多，如系统分析法、线性规划法和计划评审法等，要根据工作的需要进行正确选择。

案例阅读

某晚，EMC大中华区总裁陆某回办公室取东西，到门口才发现自己没带钥匙。此时他的私人秘书瑞某已经下班。陆某试图联系后者未果。数小时后，陆某还是难抑怒火，于是在凌晨1:13通过内部电子邮件系统给瑞某发了一封措辞严厉且语气生硬的"谴责信"。

陆某在这封用英文写就的邮件中说："我曾告诉过你，想东西、做事情不要想当然！结果今天晚上你就把我锁在门外，我要取的东西都还在办公室里。问题在于你自以为是地认为我随身带了钥匙。从现在起，无论是午餐时段还是晚上下班后，你要跟你服务的每一名经理都确认无事后才能离开办公室，明白了吗？"（事实上，英文原信的口气比上述译文要激烈得多）。陆某在发送这封邮件的时候，同时传给了公司几位高管。

面对大中华区总裁的责备，一个小秘书应该怎样应对呢？正确的做法应该是，同样用英文写一封回信，解释当天的原委并接受总裁的要求，注意语气要温婉有礼。同时，给自己的顶头上司和人力资源部的高管另外去信说明，坦承自己的错误并道歉。但是瑞某的做法大相径庭，并最终为她在网络上赢得了"史上最牛女秘书"的称号。两天后，她在邮件中回复说："第一，我做这件事是完全正确的，我锁门是从安全角度上考虑的，如果一旦丢了东西，我无法承担这个责任；第二，你有钥匙，你自己忘了带，还要说别人不对。造成这件事的主要原因都是你自己，不要把自己的错误转移到别人的身上；第三，你无权干涉和控制我的私人时间，我一天就8h工作时间，请你记住中午和晚上下班的时间都是我的私人时间；第四，从到EMC的第一天到现在为止，我工作尽职尽责，也加过很多次的班，我也没有任何怨言，但是如果你们要求我加班是为了工作以外的事情，我无法做到；第五，虽然咱们是上下级的关系，也请你注意一下说话的语气，这是做人最基本的礼貌问题；第六，我要在这里强调一下，我并没有猜想或者假定什么，因为我没有这个时间也没有这个必要。"

本来，这封咄咄逼人的回信已经够令人吃惊了，但是瑞某选择了更加过火的做法。她回信的对象选择了"EMC（北京）、EMC（成都）、EMC（广州）、EMC（上海）"。这样一来，EMC中国公司的所有人都收到了这封邮件。

瑞某这种做法看上去十分过瘾，其实相当不职业。她今后找工作会很难，她违反的不是潜规则而是明规则。谁会要一个喜欢破坏明规则的人呢？一封邮件抄送那么多人，这种方式必然造成不和睦，难道没有其他方式可以沟通吗？这种方式对当事人没有任何好处，职场中无人会接受。

电子邮件是个传递好消息的通道，但如果你传递能够使人发狂的坏消息，电子邮件不是一个好的渠道，因为你不知道它的反馈如何。

（二）企业行政沟通与协调的形式

1. 相互尊重下的良好沟通

协调者与被协调者只有相互尊重，才能有效地缩短彼此之间的心理距离，促进彼此之间的有效沟通。沟通与协调时必须平等待人，营造一种轻松愉快的氛围，这样沟通交流才可以顺畅地进行，协调工作才容易取得成功。

2. 换位思考

由于沟通与协调的双方所处的位置不同，看问题的角度也不一样，有可能导致意见的分歧，甚至发生冲突。这时要积极理解对方，学会换位思考，在对方的位置、环境、观点及情感中去考虑和解释共同面临的问题，设身处地，求大同、存小异，求得相互理解，以达到沟通与协调的目的。

3. 以诚相见，以心换心

工作中的不协调往往是由于思想上、心理上的不协调。为了达到有效的心理沟通，找到不协调的关键点，做到热心、诚心、知心，沟通协调的有效性会大大增加。

4. 沉着冷静，切忌急躁

沟通与协调工作的目标主要是解决问题与矛盾，因此要做好克服困难、排除障碍的准备，在遇到难以合作的对象和棘手的问题时，协调者必须为领导和自身树立良好的形象，保持沉着、冷静、气度，相信事实和真理。

5. 灵活善变，捕捉有利时机

在沟通与协调工作中，要把原则性与灵活性有机地结合起来，充分发挥主观能动性，用高度的责任心捕捉有利时机，相机决策，敢于创新，有敏锐的观察力和接受力，有准确的见解和判断力，要敢于承担风险，有坚韧不拔的意志。

6. 人际关系与和适度的幽默感

由于协调工作针对的是矛盾、隔阂、分歧、偏见甚至冲突，容易出现令人不愉快的气氛，在这种状态下很难沟通与协调。此时，适当的幽默可以缓和气氛，若协调者有良好的人际关系，更会创造出和谐温馨的气氛，便于畅谈交流沟通。

在协调与沟通时，还需要协调者有战略头脑和辩证思维，能用动态的目光看事物的发展，善于在事物不断发展的过程中抓住要害，随机应变，掌握主动，理顺关系，弄清本质，提出真知灼见的意见。

（三）企业行政沟通与协调的内容

1. 个人方面

（1）沟通艺术的重要性。沟通是人与人之间的信息交流，由于世上没有两个完全相同的人，所以某些情况下的有效沟通并不一定适用于另一些情况下的沟通。管理不是简单的管理者与被管理者的关系，而是相互作用的过程，在这个过程中，沟通的艺术主要靠管理者自己去探索、去学习总结。学习从大量的沟通实践中总结出来的一般规律和方法，对做好沟通工作、尽快形成自己的沟通艺术是十分有效的。

（2）语言的艺术。这是提高沟通效率的首要技能。这里的语言指的是广义的语言，包含口头语言、文字语言和非言语。语言是信息的载体，准确使用语言是保证沟通与协调效率的前提。

语言表达艺术是可以通过学习与训练提高的，当然，要达到一定的水平，还需要在实践过程中不断总结提高，达到使用起来得心应手、熟练自如的程度。沟通中的原则除了沟通者心要诚恳之外，还需要做到以下4点：

① 在沟通中语言的运用要与沟通内容相一致。
② 在沟通中语言的运用要与沟通对象相一致。
③ 注意语言的规范化，不使用不正确的字。
④ 学会非语言的表达。

非语言是指在面对面的交流沟通过程中，信息传递者的服饰、语音语调、表情动作等。什么场合使用什么样的非语言，既受沟通内容及沟通对象的约束，也受文化及风俗习惯的约束。如果非语言使用得当，会有强化沟通效果的作用。

心理学家研究表明，在面对面的交流沟通过程中，仅有7%的内容通过语言文字表达，另外93%的内容是通过声音语调（38%）和仪表仪态（55%）来表达的。由此可见，字词与非语言暗示共同构成了全部信息。但是，人们往往偏重于书面文字的沟通，而忽略了面对面的交往，而且在不多的面对面的交谈中，也低估了非语言暗示的作用。

（3）聆听的艺术。信息接收者对传递的信息主要通过两条途径来接收，一是眼看，二是耳听。在面对面的双向沟通中，聆听艺术不仅影响信息接收效果，而且影响发送效果。因此，掌握聆听艺术，一是要学会有效的聆听方式，二是要克服不良的聆听习惯。

① 有效的聆听方式及要点。聆听方式从信息接收者的聆听态度来看，可分为漫不经心式、争论式、全神贯注式3种。一般来说，全神贯注式的沟通效果最好，漫不经心式最差，争论式的沟通效果取决于参与沟通双方的身份、地位和沟通内容。要养成积极的聆听习惯，注意要点见表4-2。

表4-2 聆听要点

要	不 要
表现出兴趣	争辩
全神贯注	打断
该沉默时应沉默，适时用"嗯""哦"等回应	从事与该谈话无关的活动
选择安静的环境	过快地或提前做出判断
留出适当的时间用于辩论	草率地给出结论
注意非语言暗示	让别人的情绪直接影响你
当你没听清楚时，要以疑问的方式重复一遍	眼睛不注视对方
当你发现遗漏时，直截了当地询问	武断地接话

② 克服不良的聆听习惯。不良的聆听习惯既会影响接收者对重要信息的注意，也影响发送者发送信息，在沟通中要加以防止和克服，要从时时处处做起，养成良好的聆听习惯。

（4）面谈的艺术。在沟通过程中，经常要采取面谈的方式进行双向沟通，掌握好面谈艺术对于沟通效果、协调效果有很大的影响。在面谈时应做好以下几点：

① 选择好的谈话地点，谈话地点的环境选择对沟通所起的作用是不一样的。

② 创造一个合适的交谈气氛，允许对方或下级发表意见，如过于紧张，沟通与协调就比较困难。交谈的气氛对沟通效果的影响十分显著。

③ 充分准备，面谈中随时可能出现许多意想不到的情况和信息，因此在交谈前一定要做好充分的准备。

④ 时间安排尽可能充足，面谈的时间安排不宜过于紧迫、短促，应根据内容留有余地。

⑤ 谈话中要控制情绪，语言要礼貌。有时在交谈中会出现争论、顶撞甚至对抗等现

象，这时沟通者应胸怀坦荡，控制自己的情绪，讲话有礼有节，这样不仅有助于沟通进行下去，还有助于维护自己的权威。

积极反馈和注意反馈是提高沟通效果的重要方面，在沟通活动中要注意反馈。信息接收者的反馈有一些是通过语言来表达的，而另一些则会以非语言的方式表现出来，对这些非语言的反馈信息，也应给予高度的重视。

2. 组织方面

在组织方面应做好组织沟通的检查，主要是指与沟通政策、沟通网络及沟通活动有关的一种活动。该活动把组织沟通看成实现组织目标的一种手段，而不是为沟通而沟通。需要加以注意的四大沟通网络如下：

（1）政策、程序、规则和上下级关系的管理网络或同任务有关的网络。

（2）解决问题、提出建议等方面的创新活动网络。

（3）包括表扬、奖励、提升及联系企业目标和个人所需事项在内的整合型网络。

（4）包括公司刊印物、布告栏和小道消息在内的新闻性和指导性网络。

应该对上述 4 种沟通网络定期进行检查，以保证各网络的畅通无阻。

总的来说，只有把彼此的关系建立在信心、信任与尊重的基础上，双方才能获得有效的沟通。良好的企业行政沟通并非单纯的"授"与"受"，而是在相互融洽、相互了解的过程中发现共同的想法和共同的理想的活动，这样才能使行政管理的沟通协调工作在充满友谊的祥和气氛中进行。

案例阅读

一位汽车推销员曾有一次深刻的体验。一次，有人来找他买车，他推荐了一种最好的车型给他。那人对车很满意，并掏出 10 万美元定金。眼看就要成交了，对方却突然变卦而去，为此他懊恼了一下午。到了晚上 11:00，他忍不住打电话给那人："你好！今天下午我曾经向您介绍一部新车，眼看您就要买下，为什么却突然走了？"

"喂，你知道现在是什么时候吗？"

"非常抱歉，我知道现在已经是晚上 11:00 了，但是我检讨了一下午，实在想不出自己错在哪里了，因此特地打电话向您讨教。"

"真的吗？"

"肺腑之言。"

"很好！你用心在听我说话吗？"

"非常用心。"

"可是今天下午你根本没有用心听我说话。就在签字之前，我提到我的儿子即将进入哈佛大学，我还提到他的学科成绩、运动能力及他将来的抱负。我以他为荣，但是你毫无反应。"

他当然不记得对方曾说过这些事，因为他当时根本没有注意，而且认为已经谈妥那笔生意了。他不但无心听对方说什么，反而在听办公室内另一位推销员讲笑话。

这就是失败的原因：那人除了买车，还需要你称赞他的儿子优秀。

专心听别人讲话，是我们所能给予别人最大的赞美。有句名言说："很少有人经得起别人专心听讲所给予的暗示性赞美。"

一个商业性会谈成功的秘密又是什么呢？有人认为，成功的商业性会谈，并没有什么神秘，专心地注意那个对你说话的人是非常重要的。

有位绅士在一家百货公司买了一套西装，结果这套西装令他很不满意，上衣褪色，弄脏了他的衬衫领子。他把西装送回店里，找到了当初卖给他的那位店员，他试着把情形说出来，但被店员打断了："这种西装我们卖了好几件，您是第一个抱怨的人。"店员的语调更是咄咄逼人。第二位店员也插嘴进来："所有深色的西装，开始是会褪点颜色，这种价钱的西装都是如此。"

绅士火大了。这时，服装部的经理来了，他从头到尾地听绅士把事情叙述了一遍，没有说一句话。然后，这位经理很干脆地说："您要我怎么处理这套西装呢？我完全照您的意思做。"并提议绅士再穿一个星期看看："如果那时候您还不满意，再带来，我们再换一套您满意的。很抱歉，给您带来这么多麻烦。"

绅士满意地走出那家商店。那套西装穿了一个星期后，没有什么问题发生，于是，他对那家百货店的信心又全部恢复过来了。

显然，那位经理是合格的服务部主管，至于他的两名下属，将永远只能当个店员而已。

有人认为，许多人不能给人留下很好的印象是因为不注意听别人讲话。"他们太关心自己要讲的下一句话，而不打开他的耳朵。人们喜欢善听者胜于善说者，但是善听的能力却越来越少了。"

如果你想成为一名优秀的谈话家，首先要做一个专心倾听的人，"要令人觉得有趣，就要对别人感兴趣——问别人喜欢回答的问题，鼓励别人谈谈他自己和他的成就"。

第二节　企业对外关系管理

企业对外关系管理是指企业在运营过程中，有意识、有计划地与社会各界进行信息双向交流及行为的互动。企业对外关系管理可以增进社会对企业的理解、信任和支持，为企业营造良好的发展环境。

特别关注

企业的对外关系涉及方方面面，主要包括企业与顾客的关系、企业与社区的关系、企业与媒体的关系、企业与供应商的关系、企业与政府的关系、企业与竞争者的关系、企业与社会名流的关系等。由于企业的对外关系涉及面众多，直接关联的企业部门也就不同。例如，负责企业与顾客关系的主要部门是企业的销售或售后服务部门，负责企业与供应商关系的主要部门是企业的采购部门，企业行政部门对企业对外关系管理担有总体责任，其中重点在企业与政府和企业与社区关系两个方面。

一、企业与政府的关系管理

企业与政府关系是指以企业作为行为主体，利用各种信息传播途径和手段与政府进行双向的信息交流，以取得政府的信任、支持和合作，从而为企业建立良好的外部环境，促进企业的生存和发展。同时，企业与政府存在复杂的关系：从行政角度看，政府是企业的管理者；从法律角度看，政府是执法者，企业是守法者；从经济角度看，政府是征税方，企业是纳税方；从公共角度看，政府是为企业服务的。

（一）企业与政府关系的重要性

企业与政府的关系是一个企业发展的外部环境中非常重要的关系，涉及企业经济效益与社会效益、效率与公平的平衡。企业作为社会的组成部分，不仅要受市场这只"无形的手"的控制，而且要受政府的控制，必须要与政府搞好关系。

1. 企业运作发展离不开政府的支持和帮助，受到政府相关部门的监管

（1）政府是政策的制定者，企业总是在政府允许的范围内运营和发展，如食品企业要了解国家有关食品安全的法律法规，工业企业要了解国家有关节能减排的有关规定，出口企业要知晓国家关于出口产品退税和产品产权的有关规定等；同时，企业要了解国家的大政方针和国家的政策导向来申报项目，提高命中率。

（2）政府能给企业提供有力的资金支持，政府是最有影响力和经济实力的组织，能够在财政或经济上给予企业支持与援助，对于企业的生存和发展有很大的作用；相反，如果政府不支持甚至制裁，企业的发展将十分困难。

2. 企业的发展是地方政府和国家经济发展的源泉，也反映了政府工作的业绩

（1）企业是社会财富的创造者，也是政府财政的主要纳税者。企业良好的效益，可以增加地方政府的经济数据，提升政府工作业绩；同时，企业效益增加，带来政府财政税收的增多，政府可以更好地开展教育医疗及交通等公共事业的建设。

（2）企业积极承担社会责任，能够支持政府的工作。企业创造工作岗位，解决社会就业问题；企业做好自身的环境保护、计划生育、社会保障等基础工作，减少政府的管理压力；企业提供福利性的工作岗位，帮助残疾人、困难家庭、下岗人员等就业；同时，企业可以参政议政，关心支持国家及地方的社会建设，协助政府解决其他社会问题。

（二）处理企业与政府关系的基本原则

1. 服从政府的统一管理

为了维护整个国家利益，企业必须自觉服从政府的管理。即使是法规、政策等使企业受到局部的经济损失，企业也必须履行。

2. 遵纪守法

企业是法人，所有的活动和行为必须在法规所允许的范围内进行。企业只有守法，才能建立良好的企业形象，得到政府的认可，企业的权利和利益才能得到政府的保护，进而赢得消费者的信任；反之，如果企业无视政府的法规、政策，为了企业利益从事违法勾当、偷税漏税、生产假冒伪劣产品、违章作业，就会受到法律的惩罚和行政的处罚。如果走向世界，企业还必须遵守国际法规和国际惯例。

3. 大力支持政府工作

企业应该根据自身的实际情况，力所能及地积极参与社会活动，如响应政府号召援助灾区人民、资助"希望工程"、赞助社会公益事业、维护社会治安等，并承担社会责任，这样在客观上也可以赢得社会的好评与政府的支持。

4. 企业利益应与国家利益和社会利益一致

企业是社会的一部分，是一个局部的群体，有自己的目标和利益。政府则维护全体人民的利益，是社会利益的代表。企业在追求自己的利益最大化的同时，必须与社会利益趋于一致，才能得到政府的认可，从而获得政府的信任和支持。企业如果违背了局部利益服从社会利益的原则，不能很好地做到企业利益与社会利益相一致，则可能失去政府对企业的信任，那么，要想获得政府的支持、协调与政府的关系将成为空想。

（三）企业与政府关系管理的方法

1. 加强与政府部门的信息沟通

企业要加强与政府部门的信息沟通，了解各级政府的职能、权力和工作程序。与政府部门建立正常的联系方式，关注国家财政税收政策、货币政策、投资消费政策等方面的宏观政策，经常收集政府部门下达的各种政策文件，并尽可能根据法规、政策的变化来调整企业的政策及活动。

2. 协助政府决策

企业领导应尽量参政、议政，影响政府的决策，使之向有利于自己的方向发展。随着民营经济的发展壮大，越来越多的企业家登上了政治舞台，这样他们可以及时了解政策动向，从而协助政府决策。

3. 支持政府工作

企业要赢得政府的理解与支持，就要主动与政府人员建立良好的合作关系，如参与政府导向的公益活动、援助受灾区域等。这样不仅可以让政府了解企业的产品和企业动态，而且能帮助企业分析行业发展情况，有利于企业建立良好的企业形象，与政府建立良好的合作关系。

4. 熟悉政府办事流程

企业需要了解和熟悉政府的组织机构、职权职能、办事程序等状况，自身每一次具体事务需要与哪一级政府职能部门联系要做到心中有数，可以有效地减少企业不必要的损失，提高企业办事效率。

二、企业与社区的关系管理

企业与社区关系是指企业与所在地居民及其他社会组织的关系，包括企业所在的乡镇或街道组织，临近的工厂、机关、学校、医院及居民等。

（一）企业与社区关系的重要性

社区关系是企业赖以生产发展的基本环境，是企业存在发展的社会根基。发展良好的企业与社区关系，可以争取社区公众对企业的了解和理解，为企业创造一个稳固的生存环境，也可以带动社区经济的发展，增加社区居民就业。

1. 企业的发展离不开社区的服务支持

（1）社区能为企业员工生活提供社会服务。社区服务为企业员工提供社会服务，包括水电供应、交通运输、治安和消防保卫、子女入学等。良好的社区社会服务，有助于增加企业员工的安全感，为其消除后顾之忧，提高其工作热情。

（2）社区能协助企业发展。社区公众是较为固定的消费者，从某种意义上讲是企业所依赖的"衣食父母"，在有条件的情况下，社区可以帮助企业销售产品，使企业获得经济效益。

2. 企业可以带动社区经济发展，促进社区居民就业

（1）企业可以为社区发展提供资金支持。企业为社区投入帮扶资金，包括上缴稳定的税金、利润和各项费用、基金等，用来改善社区基础设施建设，为社区创办各项公益事业。

（2）企业能增加社区居民的就业机会。企业可以结合自身的用工需要，及时与社区联系，共同筹办创建社区现场招聘会，为社区待业人员提供充足的就业机会。

（二）企业与社区关系管理的方法

1. 参与社区公益事业建设

企业可通过提供资金和劳务等形式，来支持社区的各种公益事业，如集资、捐款兴建教育、医疗、体育、卫生、福利事业，赞助社区文化、体育娱乐活动，参加社区的各种义务劳动等。

2. 积极承担社区责任

企业作为社区的一员，应该主动协助完成社区管理工作，如企业可以帮助社区解决失业人员问题，协助社区做好人口普查、社区选举和环境保护工作，配合社区解决一些突发性的灾难事故等。

3. 加强与社区的沟通交流

企业与社区沟通交流的方式是多种多样的，如邀请社区领导和社区公众一起聚会，举办电影、音乐会、舞会及体育活动等。企业加强与社区的沟通交流，可以及时地了解社区的意见和态度，并使企业的意见迅速准确地传播出去。

第三节　企业形象管理

一、企业形象的含义

企业形象是指企业内外对企业的整体感觉、印象和认知，是企业状况的综合反映，也是人们通过企业的各种标志（如产品特点、行销策略、人员风格等）而建立起来的对企业的总体印象。企业形象是企业精神文化的一种外在的表现形式。

企业形象能否真实反映企业的精神文化，以及能否被社会各界和公众舆论所理解和接受，在很大程度上取决于企业自身的主观努力。一个企业良好的形象主要表现在企业环境形象、产品形象、人员形象3个方面。

二、企业形象的组成要素

企业形象由产品形象、组织形象、人员形象、文化形象、环境形象和社区形象等构成，见表4-3。

表4-3　企业形象的构成要素

构成要素	具体内容
产品形象	质量、款式、包装、商标、服务
组织形象	体制、制度、方针、政策、程序、流程、效率、效益、信用、承诺、服务、保障、规模、实力
人员形象	领导层、管理群、员工

续表

构成要素	具体内容
文化形象	历史传统、价值观念、企业精神、英雄人物、群体风格、职业道德、言行规范、公司礼仪
环境形象	企业门面、建筑物、标志物、布局装修、展示系统、环保绿化
社区形象	社区关系、公众舆论

企业形象的组成因素虽然非常复杂，但可以将其归纳为3个层次，即企业理念形象、企业行为形象和企业视觉形象。

（1）企业理念形象：由企业哲学、企业宗旨、企业精神、企业发展目标、经营战略、企业道德、企业风气等精神因素构成的企业形象子系统。

（2）企业行为形象：由企业组织及组织成员在内部和对外的生产经营管理及非生产经营性活动中表现出来的员工素质、企业制度、行为规范等因素构成的企业形象子系统。内部行为包括员工招聘、培训、管理、考核、奖惩，各项管理制度、责任制度的制定和执行，企业风俗习惯等；对外行为包括采购、销售、广告、金融、公益等公共关系活动。

（3）企业视觉形象：由企业的基本标识及应用标识、产品外观包装、厂容厂貌、机器设备等构成的企业形象子系统。其中，基本标识指企业名称、标志、商标、标准字、标准色；应用标识指象征图案、旗帜、服装、口号、招牌、吉祥物等；厂容厂貌指企业自然环境、店铺、橱窗、办公室、车间及其设计和布置。

在企业形象的3个层次中，理念形象是核心的部分，也最为重要，它决定行为形象和视觉形象；而视觉形象是外在表现的部分，它和行为形象都是理念形象的载体和外化；行为形象介于上述两者之间，它是理念形象的延伸和载体，又是视觉形象的条件和基础。如果将企业形象比作一个人的话，理念形象好比是他的头脑，行为形象就是其四肢，视觉形象则是其面容和体形。

三、企业形象的重要性

企业形象是企业在社会、市场和内部公众心目中的总体印象与评价。现代企业的竞争方式已经从价格竞争、产品竞争、品牌竞争走向企业形象竞争，企业形象的树立方式是非常重要的，有利于培养顾客认牌购买的习惯。例如可口可乐，消费对象主要是年轻人、喜欢运动的人群，它努力营造充满活力的形象，品牌是其形象的一部分，特别是赞助一些国际大型比赛，使其市场迅速扩大。

企业形象的构建能增强企业价值观的规范与导向，使企业无形资产增值，协调企业内外关系，有效地激励员工产生向心力与归属感，扩大对外辐射影响，促进产品销售，实现企业战略扩张。

案例分析

事件内容：双汇"瘦肉精"事件
事件主角：双汇食品

所属行业：肉类加工行业
危机类型：诚信危机
事件过程：
中央电视台"3·15"特别节目《"健美猪"真相》的报道，将我国最大肉制品加工企业双汇集团卷入"瘦肉精"漩涡之中。报道声称，一些地方采用违禁动物用药"瘦肉精"饲养的有毒猪，流入了双汇集团下属分公司。因为卷入"瘦肉精"丑闻，处于风暴眼中的分公司已停产整顿。

肉制品行业又一次受到消费者的质疑，同时激发了中国居民消费者对食品行业食品安全的不信任。中国消费者的身心本来就几经折腾，夹在国产奶粉与洋品牌奶粉之中还肝火正旺，而"瘦肉精"门又卷土重来，中国肉制品行业正接受严峻的生存考验。

双汇产品已经在一些城市的超市大规模撤柜，并开展一系列补救措施，然而品牌信誉度却难以挽回，其产品在全国遭遇销量前所未有的"滑铁卢"。

分析：尽管双汇已经进行了一系列的危机公关，应对舆论的态度和积极性比起当年的三鹿有了很大的进步，也更为主动地进行了一些与公众沟通的动作，但很显然，社会的舆论危机还是没有得到缓解。

双汇作为全国肉品行业的"龙头老大"，在事件发生后多次表现出的对企业本身的关照和重视，强调事件对双汇造成了严重的损失，对于消费者的健康和利益却很少提及，只是用"困扰"来解释事件的影响，这一态度并未考虑消费者的利益和情感，这绝对是危机事件处理的大忌。

危机事件后，双汇需要做的绝不仅仅是向公众开诚布公事件真相，更重要的是履行企业本身所承担的社会责任，重塑企业负责任、关注消费者权益和健康的正面形象，通过能彰显企业责任的实际行动去重新获得消费者的支持和信任。的确，只有以诚意应对危机，只有以尊重进行公关，受损的品牌才可能得到修复。对于遭遇危机的双汇来说，尊重消费者才是最好的公关。

四、企业形象的表达手段

（一）物质形象

物质形象是指反映企业精神文化的物化形态，而不是指物质本身，如企业的店徽、店旗、商标、特定的店面装饰和布置等可以反映企业个性和精神面貌的直观形象。

（二）人品形象

人品形象不是指人的先天条件，而是指企业人员在后天学习的待人接物和工作上的行为态度等方面的表现。

（三）管理形象

管理形象是指管理行为的表现形式，如组织形态、工作程序、交接班制度、奖惩方式、领导指挥方式等。

（四）礼仪礼节

礼仪礼节是指企业中人际关系的礼貌格式和庆典集会上的礼节规范。

（五）社会公益形象

企业为社会服务，赞助公益事业，包括关心支持文教、科研、慈善、卫生等事业的具体表现。

特别关注

企业要在社会公众中树立良好的形象,首先要靠自己的内功——为社会提供优良的产品和服务;其次,还要靠企业的真实传播——通过各种宣传手段向公众介绍、宣传自己,让公众了解、熟知,加深印象。公共关系树立企业形象的任务,主要体现在企业的内在精神和外观形象这两个方面。

内在精神指的是企业的精神风貌、气质,是企业文化的一种综合表现。内在精神是构成企业形象的脊柱和骨架,由3个方面构成,即开拓创新精神,积极的社会观和价值观,诚实、公正的态度。

外观形象主要靠企业内在精神来显现,同时得力于公共关系的精心设计。这就要求公关人员善于运用一些便于传播、便于记忆的象征性标记,使人们容易在众多的事物中辨认,以此来加深外部公众对企业的印象。企业的外观形象包括企业名称、企业广告、企业标志、代表色、环境设施,如国外的可口可乐、麦当劳等,中国的娃哈哈、海尔等,时刻把企业形象建设贯穿于企业的发展之中,使企业广告与标志深入人心。

总之,企业形象的内容是全面的,不仅是企业产品的形象,而且是企业总体文化的表现,涉及的因素比较多。因此,作为形象设计的企业行政或公共关系部门,应充分考虑企业自身的特点及公众的心理需求、兴趣和习惯,进行科学的规划和设计,以确保企业形象既完美又与众不同,独具一格。

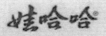

知识拓展

企业行政沟通

一、单向沟通与双向沟通的比较

严格来讲,单向沟通并不是真正意义上的沟通,而只是一方把话告诉另一方,效果如何暂且不说。双向沟通才是真正的沟通,但是不能因此而否定单向沟通。一般来说,例行公事、有章可循、无甚争论的情况可采用单向沟通;事情复杂、需要探讨时,可采用双向沟通;重视速度、维护表面威信可采用单向沟通;重视人际关系则可采用双向沟通。两种沟通方式的比较见表4-4。

表 4-4　单向沟通与双向沟通方式的比较

因　　素	结　　果
时间	双向沟通比单向沟通需要更多的时间
信息和理解的准确程度	在双向沟通中，接收者理解信息和发送者意图的准确程度大大提高
接收者和发送者相互信任程度	在双向沟通中，接收者和发送者都比较相信自己对信息的理解
满意度	接受者比较满意双向沟通，发送者比较满意单向沟通
干扰	由于与问题无关的信息较易进入沟通过程，双向沟通的干扰比单向沟通要大得多

二、不良的聆听习惯的10种表现

（1）对谈话的主题无兴趣，不能安下心来听对方讲话，表现出漫不经心的态度。
（2）被对方谈话的姿势所吸引，忽略了谈话的内容。
（3）听到不合自己心意的内容便激动，影响了对其余信息的理解和接受。
（4）只重视事实而忽视了原则和推论。
（5）过分重视条理，对条理较差的讲话内容不愿多加思索。
（6）假装注意，实际上心不在焉。
（7）注意力不集中，分心于他事。
（8）对较难懂的内容不提问、不反馈，不求甚解。
（9）被对方的感情语言分心，抓不住实质性的内容。
（10）不爱动笔，内容太多时，听了后面忘了前面。

克服不良聆听习惯，需要从时时处处做起，养成良好的聆听习惯，有助于提高沟通效果。

三、良好沟通十戒

（1）沟通前先将良好沟通十戒概念澄清。
（2）检讨沟通的真正目的。
（3）考虑好沟通时的一切环境。
（4）计划沟通内容时，应尽可能听取他人意见。
（5）沟通时应注意语调。
（6）对信息接收者有帮助或有价值的事情，应把握时机，适时表达。
（7）应有必要的反馈。
（8）沟通时不仅仅要着眼于当前，更要着眼于未来。
（9）言行一致。
（10）应成为一位"好听众"。

这是美国管理协会针对如何提高沟通效果，在实践中总结的"良好沟通十戒"。积极反馈和注意反馈是提高沟通效果的重要方面，在沟通活动中要注意反馈。信息接收者的反馈有一些是通过语言表达的，而另一些反馈则会以非语言的方式表现出来，对这些非语言的反馈信息，也应给予高度的重视。

能力训练

训练一

任务：在当地调查了解几家企业的行政组织结构,并对组织要素进行分析,完成该企业的行政组织结构模型图一份及企业行政部门介绍一份(并了解行政部职责规范)。

目标：进一步加深对企业行政组织结构及企业行政组织的总体情况的感性认识。

能力点：团队合作、沟通交流、理解分析。

实施步骤：

（1）学生4～6人为一个小组,1人任组长。

（2）每小组调查了解一家企业的组织情况,并向企业提供项目任务的背景信息。

（3）根据企业的实际情况,分析企业行政组织的结构特点并描绘企业行政组织结构模型图,完成一份行政部门介绍。

（4）学生交流调查体会及对岗位认识。

（5）教师小结,每位同学写出实训报告及总结。

训练二

任务：与学校所在的社区进行沟通联系,帮助社区做一些有意义的事情,听取社区对学校的评价,写出学校与社区加强建立联系的建议或方案。

目标：了解社区的组织机构及功能,寻求与社区紧密联系的方法,加强学校与社区的良好关系。

能力点：沟通与协调能力、公关能力。

实施步骤：

（1）学生6～12人为一个小组,1人任组长。

（2）由组长带领小组先去社区访谈,找到联系的渠道,帮助社区做一件事情。

（3）听取社区对学校的评价,并进行互动沟通。

（4）学生制作PPT进行交流互动。

（5）教师小结,每位同学写出实训报告及总结。

训练三（可在前一次课中布置,让学生做准备）

任务：你理解学校的LOGO表达的含义吗?找出你喜欢的一个组织的LOGO并解释。能否给你所在班级设计一个LOGO?

目标：理解一个组织的LOGO代表了这个组织的品牌形象。

能力点：设计能力、文字编写能力、美感体验。

实施步骤：

（1）学生4～6人为一个小组,1人任组长。

（2）讨论学校的LOGO的含义并由组长发言交流,得到学校LOGO所表达的含义。

（3）由每一组代表交流个人喜欢的一个组织的LOGO,并解释理由。

（4）前期课程学习过企业形象识别系统设计的班级可以让学生设计班级的LOGO,并进行交流。（选做）

（5）教师小结点评,学生写出实训报告及总结。

思考与练习

（1）企业行政协调与政府行政协调有哪些不同?

（2）如何理解企业行政沟通的特点?

（3）你在沟通中遇到了哪些障碍？应如何调整？
（4）为什么说企业与政府的关系管理非常重要？
（5）在企业与社区关系管理中企业应注意些什么？
（6）为什么说企业形象管理是企业品牌的保证？
（7）找一家企业，分析这家企业的整体形象。

模块五
企业文化管理

》【学习目标】

知 识 目 标	能 力 目 标
（1）了解企业文化的含义和特征。 （2）熟悉企业文化的结构和功能。 （3）了解企业行政文化管理的注意事项	掌握企业文化管理的原则与流程

》【案例引导】

有一家小型企业，每次午餐时因分餐不均而争执不休，于是大家推举出一个分餐人。前几天还不错，大家都很满意，但时间一长，无形之中分餐人就有了一种权利，尤其是在没有严格的规则约束的时候。当有人对分餐人说几句好听的话时，分到的餐食就会多一点。这样一来，有人多分一点，自然就有人少分一点。后来，就有人抗议了，说我们不能固定一个分餐人，一人一天轮流分餐。但轮流分餐的结果是，只有分餐人吃得饱，其他人吃不饱。最后，大家有达成共识，成立一个分餐委员会，在分餐时既有人分餐又有人监督。然而，自从成立了分餐委员会会，只有分餐委员会的人吃得饱，其他人还是吃不饱。这些人终于明白，让谁来分餐都没用，谁分餐谁就多吃一点，但不知道该怎么办好。

讨论：

在择业时，除了工资待遇、岗位和工种，你还会关注哪些方面呢？

> 【知识储备】

第一节　企业文化的概念

随着人才竞争的加剧，人本管理理念日益被现代企业接受，企业管理方式也逐渐向"软管理"转变。

特别关注

> 企业管理学家彼得斯和沃特曼在其著作《寻求优势》中指出："在经营最成功的公司里，居第一位的并不是严格的制度或利润指标，更不是计算机或任何一种管理工具、方法、手段，甚至也不是科学技术，而是企业文化或公司文化。"有意识的、系统的企业文化管理应被提上企业行政管理工作的日程。

企业文化有广义和狭义两种理解。广义的企业文化是指在一定社会经济、文化背景下，经企业领导者的倡导，企业全体员工在长期的生产经营过程中逐渐形成、认同并遵循的企业整体的价值观、企业精神、企业经营哲学、道德标准、行为规范、管理制度、典礼仪式、传统习惯、企业形象的总和，包括精神文化、制度文化、行为文化和物质文化；狭义的企业文化单指其中的精神文化。本文采用广义的企业文化概念。

一、企业文化的存在状态

（一）原始文化

未经管理者有意识干预的、自然而然形成的企业文化，是文化的"原始"形式。它是企业作为一种人群组织的客观必然存在，良莠并存。

（二）干预文化

管理者对企业原始文化进行自我审视后，有意识地进行干预，去粗取精，加入新的有利于企业发展的积极文化后所形成的文化就是干预文化。

进行企业文化管理，即有意识地对原始文化进行干预、建设、维护、强化或调整。人们现在所说的企业文化一般是指干预文化。

二、企业文化的特点

每家成功的企业都有其独特的企业文化。结合新时代企业文化的发展趋势，对企业文化的共性可进行如下总结。

【企业文化宣传片案例】

（一）观念性与实践性

企业文化包括企业价值观、企业精神、企业道德、企业经营哲学等观念性内容，也包括典礼仪式、行为方式等实践性内容。前者指导和规范后者和后者遵从和反映前者。企业精神若只是观念口号，不能指导和规范员工行为，并在他们的行为中得到印证，这样的企业文化就是不彻底的，没有生命力的。而且，观念性的企业文化都是在实践性的企业长期的生产经营活动中总结、提炼得出的，来源于实践，需要在生产经营实践中检验，并在不断发展的实践中不断地调整以适应实践活动。总而言之，企业文化是观念性和实践性的有机统一。

（二）集体性与个体性

企业文化是企业全体员工在生产经营过程中所创造的集体的文化，不是哪个企业成员或哪一部分人就能建成的。企业家只能提倡、推进企业文化，但是企业文化的建设必须由全体员工参与。企业的价值观念、道德标准、经营理念、行为规范、规章制度等都必须是由企业内部的全体成员共同认可和遵守的。其核心的精神文化是用以指导企业全体员工开展工作的集体意识。企业文化具有集体性。

但是，人们只会优先按照符合自身文化的思维采取行动。企业文化必须转化成员工自己的文化才能真正落实。承载企业文化的是每一个员工。现代企业文化必须关心个体、尊重个体、理解个体。企业文化在其集体性中隐含了个体化的可能，它最终落脚于个体，因此又是个体性的。

（三）民族性与时代性

任何企业都是一定民族的企业。因此，民族性必然成为企业文化的一个重要特征。第一，民族文化是企业文化的根。一个民族的民族心理、风俗习惯、宗教信仰、道德风尚、伦理意识、价值观念、行为方式、生活准则等，往往成为企业文化发育的营养基础，尽管它也要吸收世界各国文化、各国企业文化，丰富、发展自己，但是其根基，作为一种传统的文化积淀，还是本民族的。第二，企业文化体现民族文化的特色。美国企业"追求不可动摇的事实"的文化观念，日本企业的礼教习俗、家族风尚等，都深深地打上了他们民族文化的印记。

任何企业都置身于一定历史环境之中，受时代精神感染，又服务于时代。企业的时空环境是影响企业生存与发展的重要因素，企业文化的生成与发展，它的内容与形式，都必然要受到一定时代的经济体制和政治体制、社会结构、文化、风尚等的制约。不同时代具有不同的企业文化。同时，企业文化也反映着时代风貌。

（四）稳定性与动态性

企业精神文化是逐渐形成的。企业精神、企业价值观、企业道德等经过提炼，需要内化为每个员工的观念意识。这是一个缓慢的过程。一蹴而就只能造就表面工程，不可能形成真正意义上的文化。而个人的观念意识一旦形成，不是一下子能改变的。何况改变的不是一个人的观念意识，而是企业中每个人的观念意识。因此，企业文化具有相对稳定性。制度文化若没有稳定性就失去了它的保障意义。生产经营的正常进行需要相对稳定的物质文化。企业文化的重要功能之一就是可以作为文化基因得以传承、传播。企业文化是企业的稳定根基。

但是，企业文化不是一成不变的，在相对稳定之中有变化与调整。在社会剧烈变动的时代，企业文化的发展必须有创新精神、变革魄力才能适应不断变化的社会环境，满足成长中的企业自身的需求。

（五）经济性与社会性

企业文化有别于其他组织文化的一个重要特点就是它的经济性。企业是一个经济组织，以营利为目的。经济性是企业的立身之本，企业的一切活动都离不开这个本，企业文化建设也不例外。企业文化建设应该为企业的经济活动服务，要有利于提高企业生产力和经济效益，有利于企业的生存和发展。企业文化附着于企业实体，撇开企业生存与发展谈企业文化，"皮之不存，毛将焉附？"所以，企业文化建设也是一个企业战略问题。

企业文化是社会文化的一个子系统，它一方面受到社会大文化的影响，另一方面也在潜移默化地影响着社会文化。现代企业不是一个单纯的经济机构或生产机构，作为一种社会组织，它还是现代社会的一种社区类型。企业文化是企业作为一个社会群体的存在样式。企业对员工来说，不仅是工作环境，而且是生活环境、交往环境。企业不光为员工提供了谋生手段，同时为员工提供了人生舞台，提供了满足多种需求的条件。而且，企业文化也会随着企业活动向社会传播，带来一定社会影响。

第二节 企业文化的结构与功能

一、企业文化的结构

企业文化可以分为4个层次：表层的物质文化、浅层的行为文化、中层的制度文化、深层的精神文化。

（一）表层的物质文化

物质文化是企业文化的第一个层次，即企业各种物质设施和企业员工创造的物质产品等，主要表现为企业环境、器物、标识。

表层物质文化的内容包括以下5个方面：

（1）厂房装修、设备设施。
（2）产品的结构、外表、特色、包装。
（3）企业劳动场所、工作环境。
（4）员工娱乐休息环境、员工的文化设施。
（5）厂容、厂貌、服务场所等。

物质文化虽说是表层，其作用却不可小视。物质文化具有事先在场的精神。从某种程度上说，物与人是互相所属、互相影响、互相塑造的。企业物质文化往往在不经意中长期地熏陶着企业员工；而人们在相应的物质文化背后也能感受到企业经营者、企业员工的精神面貌。也正因为它的表层性，物质文化是显性的，直接诉诸人的感官，对于客户第一感受、新员工最初印象的形成具有重要意义。一个整洁有序的柜台能体现出企业的友善与条理；员工名片上的企业标识能传达出他的企业荣誉感与归属感。

成功的企业都有与自身相适应的物质文化；但是，仅有良好的企业物质文化，徒有其表是远远不够的。

（二）浅层的行为文化

行为文化即企业员工在生产经营、学习娱乐、人际交往中产生的活动文化，主要表现在企业员工、企业团体的言行礼仪。

浅层行为文化的内容包括以下4个方面：
（1）员工的行为活动（行为和语言）。
（2）企业团体的共性行为活动（行为和语言）。
（3）各种文体娱乐活动。
（4）公关、社交、礼仪活动等。

行为文化的主体是人，人是动态的、能动的，相对静态的物质文化而言，更难管理，也更能显出文化的真实性。它更直接地体现企业员工的精神面貌、企业人际关系；体现企业的经营作风、做事风格；是企业精神、目标的生动反映。

成功的企业都有与自身相适应的行为文化，但若因当下没有见到不良的行为文化就放弃规章制度的建设，后患无穷。

（三）中层的制度文化

制度文化即企业生产经营活动中形成的各种规章制度、组织机构等，主要表现为纸质化的强制性的规章制度。

中层制度文化的内容包括以下4个方面：
（1）企业基本制度。
（2）组织机构。
（3）责任机制、分配机制、用人机制。
（4）管理制度。

制度文化是企业为实现自身目标对员工和财物所进行的规范限制，具有强有力的约束性和保障性。制度文化不像物质文化和行为文化一样直接外露，也不像深层企业文化那样隐蔽在人的头脑中。不同的制度文化体现企业不同的价值取向。一般企业的管理薄弱环节往往就是这一层次。

成功的企业都有与自身相适的制度文化；但有良好制度文化的企业未必一定成功。

制度文化是让想犯罪的人犯不了罪，
精神文化是让有机会犯罪的人不愿意犯罪。

（四）深层的精神文化

精神文化是企业文化的核心层，是用以指导企业开展生产经营活动的群体意识。

深层精神文化的内容包括以下4个方面。
（1）企业精神。企业精神是企业广大员工在长期的生产经营活动中逐步形成，经过企业领导者有意识概括、总结、提炼而得到确立的思想成果和精神力量。它常常通过一些精练、浓缩、富于哲理、简洁明快的语言表现，如创新、开拓、求实、科学等。
（2）企业价值观。企业价值观是企业经营者对企业性质、目标、经营方式的取向所做出的选择，是为员工所接受的共同观念，是企业在经营过程中坚持信奉的信条。
（3）企业道德。企业道德是调节企业与社会、企业与员工、员工与员工关系的行为规范的总和,是企业员工在履行工作时必须遵循的信念、习惯、传统等诸多在内的道德要求。比如,诚信、公平等。

(4)企业经营哲学。企业经营哲学是企业必须回答的有关企业的最重要、最基本的问题,包括企业宗旨、企业使命、企业愿景等。

精神文化是隐性的,它反映了企业的信念与追求,无形中影响、指导并激发每一个员工。企业精神文化是物质文化、行为文化、制度文化的源头,也是管理三者的依据。

成功的企业都有与自身相适应的精神文化;良好的精神文化只有在得到良好的制度文化保障,落实到物质文化、行为文化的细微之处才能发挥其作用。

企业文化的4个层次各有其位,互依互存,构成一个系统,如图5.1所示。物质文化属表层,最为具体实在,构成企业文化的硬外壳;行为文化是一种处在浅层的活动,构成企业文化的软外壳;制度文化是观念形态的转化,成为企业文化硬、软外壳的桥梁;精神文化则是观念形态和文化心理,是企业文化的核心。企业文化系统是无形性与有形性的统一,是观念性与实践性的统一,系统之间相互印证,相互促进。体系化的程度决定企业文化力量的强弱。只有4个层次贯通一致、互相支持时,企业文化才能更好地发挥其功能。

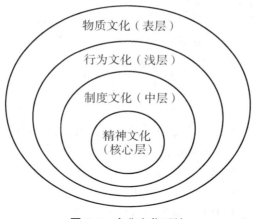

图 5.1　企业文化系统

二、企业文化的功能

良好的企业文化具有导向功能、约束功能、凝聚功能、激励功能和辐射功能。

(一)导向功能

企业文化的导向功能主要体现在企业价值观念对企业的领导者和广大员工行为的引导上。一方面,由于价值观念是企业多数人的共识,这种导向功能对多数人而言是建立在自觉自愿的基础上的,他们能够并且愿意自觉地把自己的一言一行与企业的价值观念进行对照,力求使自己的行为符合企业目标的要求;另一方面,企业的奖惩等机制从制度层面对员工的行为起到导向作用。

(二)约束功能

除了制度层面明文规定的硬性要求,企业文化还是一种软约束,一方面,以潜移默化的方式,形成一种群体道德规范和行为准则(即非正式规则体系)、习惯、习俗、气氛,某种违背企业文化的言行就会受到周围群体舆论和感情压力,对员工行为具有无形的约束力;另一方面,员工因为认同企业文化所倡导的价值观念,顺应了企业文化的思维模式,产生自控意识,自觉自愿地不做违背企业文化和企业利益的事,达到内在的自我约束而不需要外在的监督、控制。

(三)凝聚功能

当一种价值观被企业员工认同之后,共同的价值观念、共识性的企业文化能使员工产生志同道合的感觉,彼此更加理解、默契,促进员工对企业的归属感、忠诚度及员工之间的亲善、友情。企业文化就像一种黏合剂,从各个方面把其成员团结起来,企业成员一方面为企业作贡献,另一方面展现自我价值,从而产生巨大的向心力和凝聚力。

(四)激励功能

管理的核心是人,管理的目的是要把蕴藏在人体内的聪明才智充分挖掘出来。优秀企业文化所形成的文化氛围和价值导向是一种精神激励,能够调动与激发职工的积极性、主动性和创造性。优秀企业文化强调尊重员工、相信员工,以员工的共同价值观念为尺度,员工在企业中受到重视,参与的愿望能得到满足,因而积极性得到激发。企业文化通过内在引导、价值感内化、积极向上的思想观念与行为准则促使企业成员在内心深处形成强烈使命感、持久驱动力,情绪高昂,发奋进取,自觉拼搏。

(五)辐射功能

企业文化一旦形成较为固定的模式,它不仅会在企业内部发挥作用,对本企业员工产生影响,而且也会通过各种渠道对社会产生影响。优秀的企业文化中无形的价值观念通过员工、产品等有形载体向外界展示,如业务洽谈、经济往来、新闻发布、公关活动,以及产品质量、销售服务等,不仅使社会各界看到了企业可靠、良好的管理水平、道德水准、整体素质,从而树立企业的良好形象,进一步取得各界的信任与支持,而且也把这种良好的文化精神传播到企业之外,对社会产生影响。

案例阅读

现代企业管理已进入以人为本的管理新时代,其重要内容不再是板着面孔式的条条框框的限制,而是一门融进了管理者对职工、对事业献身精神的独特的艺术。

面对面管理是以走动管理为主的直接亲近职工的一种开放式的有效管理,它洋溢着浓厚的人情味。其内容外延广阔,内涵丰富,富于应变性、创造性,以因人因地因时制宜取胜。实践证明,高技术企业竞争激烈,风险大,更需要这种"高感情"管理。它是医治企业官僚主义顽症的"良药",也是减少内耗、理顺人际关系的"润滑剂"。

通用电气公司前总裁斯通就努力培养全体职工的"大家庭感情"的企业文化,公司领导和职工都要对该企业特有的文化身体力行,爱厂如家。从公司的最高领导到各级领导都实行"门户开放"政策,欢迎本厂职工随时进入他们的办公室反映情况,对于职工的来信来访能负责地妥善处理。公司的最高首脑与全体职工每年至少举办一次生动活泼的"自由讨论"。通用公司像一个和睦、奋进的"大家庭",从上到下直呼其名,无尊卑之分,互相尊重,彼此信赖,人与人之间关系融洽、亲切。

一次,在一家医院里的一间隔离病房外面,一位身体硬朗、步履生风、声若洪钟的老人,正在与护士死磨硬缠地要探望一名因痢疾住院治疗的女士。但是,护士却严守规章制度毫不退让。

这位真是"有眼不识泰山",她怎么也不会想到,这位衣着朴素的老者,竟是通用电气公司总裁斯通先生。护士也根本无从知晓,斯通探望的女士,并非他的家人,而是加利福尼亚州销售员哈桑的妻子。

哈桑后来知道了这件事,感激不已,每天工作达16h,为的是以此报答斯通的关怀,加州的销售业绩一度在全美各地区评比中名列前茅。正是这种适度距离的管理,使得通用电气公司事业蒸蒸日上。

还有一次,公司的机械工程师伯涅特在领工资时,发现少了30美元,这是他一次加班应得的加班费。为此,他找到顶头上司,而上司却无能为力,于是他便给公司总裁斯通写信。"我们总是碰到令人头痛的报酬问题。这已使一大批优秀人才感到失望了。"斯通立即责成最高管理部门妥善处理此事。

3天之后,他们补发了伯涅特的工资,事情似乎可以结束了,但他们利用这件为职工补发工资的小事大做文章。第一是向伯涅特道歉;第二是在这件事情的推动下,了解那些"优秀人才"待遇较低的问题,调整了工资政策,提高了机械工程师的加班费;第三,向报社披露这一事件的全过程,在当地企业界引起了不小轰动。

事情虽小,却能反映出通用电气公司的"大家庭观念",反映了员工与公司之间的充分信任。

人际关系上常常也有"马太效应"的影子。常人总是密者密上加亲,疏者疏而愈远。斯通却主张"人际关系应保持适度的距离"。现实生活中,国与国、人与人之间的关系演变例子一再证明"适度距离"理论不无道理。

斯通对"适度距离"身体力行,率先示范,密者疏之,疏者密之。斯通自知与公司高层管理人员工作上接触较多,在工余时间就有意拉大距离,从不邀公司同僚到家做客,也从不接受邀请。相反,对普通工人、出纳员和推销员,他有意亲近,微笑问候,甚至偶尔"家访"。

通用电气公司像其他公司一样,从经理到基层领导人员,已有不少人采用"静默沉思"法使紧张心理宁静下来,消除神经紧张所造成的不安。经常"静默沉思"的人说,自从坚持定时沉思默想后,工作效率提高了,不容易激动,能较好地对付外界压力了。

而以前通用电气公司也普遍采用节食和体育锻炼计划来消除工作人员的情绪病,虽长期执行,但收效甚微。许多人因紧张心理造成的血压升高、压抑感很重和易怒等现象并未减轻。

哈佛大学心理和体育治疗研究所推广沉思默想之后,通用电气公司便向雇员推荐此法,公司聘请了默思辅导员指导雇员苦练这种默思法,包括瑜伽、冥想、端坐不动等。雇员们反映,他们已初步收到效果。

公司在推行此法后,使公司精神病治疗费用减少27%;各分公司经理用此法后工作效率大为提高,为此该分公司已安排12名一天工作12~14h的经理人员参加静默活动,他们工作热情普遍高涨,精神也格外饱满。

企业中的人事管理要比政府、学校等其他职能管理棘手得多,因为企业人事管理的对象、性别、年龄、学历、工种、品性等方面存在更大差异。

通用电气公司在人事管理上近几年采取重大改革,改变了以往的人事调配的做法(由企业单方面评价职工的表现、水平和能力,然后指定其工种岗位)。现在,公司反其道而行之,开创了由职工自行判断自己的品格和能力,选择自己希望工作的场所,尽其可能由他自己决定工作前途的"民主化"人事管理,称为"建言报告",引起管理界的瞩目。

专家们认为,"让棋子自己走"的这种"建言报告"式人事管理,比传统的人事管理更能收集到职工的容易被埋没的意见和建议,更能发掘人才和对口用人,从而对公司发展和个人前途更加有利。

此外,通用电气公司还别出心裁地要求每位雇员写一份"施政报告",每个星期三由基层员工轮流当一天"厂长"。"一日厂长"上午9:00,先听取各部门主管汇报,对全厂营运有了全盘了解后,即陪同厂长巡视部门和车间。"一日厂长"的意见,都详细记载在"工作日记"上。

各部门、车间的主管得依据其意见,随时改进自己的工作,并在干部会上提出改进后的成果报告,获得认可后方能结案。各部门、车间或员工送来的报告,需经"一日厂长"签批后再呈报厂长。厂长在裁决公文时,"一日厂长"可申诉自己的意见供其参考。

这项管理制度实行以来,成效显著。第一年施行后,节约生产成本达200万美元,并将节约额的提出部分作为员工们的奖金,全厂上下皆大欢喜。

通用电气公司的子公司——左光兴产公司还实行一种特殊的"无章管理",也是感情化管理,最大限度地减少公司内部人际间的紧张关系,增强员工之间的信任、上下级之间的信任及员工对企业的信任。该公司近几年实行"无章管理"以后,年销售额在通用电气公司的所有海外子公司中独占鳌头。

第三节 企业文化的建设

一、企业文化管理的必要性

(一)整体性问题与凝聚力

办企业必须解决的首要问题是组织的整体性问题。企业由许多人组成,能否让这么多的人成为一个整体,共同为组织的目标而努力,至关重要。没有整体性,组织就退化为乌合之众,什么事情也做不成。为什么常有企业高层分割为不同的政治利益群体,难以形成组织的核心力量的问题?主要原因在于高层价值观不统一、目标追求各异、同床异梦。为什么企业高层与中基层之间难以达成共识并存在深层沟通障碍?主要原因在于企业家与中基层没有文化传递系统。企业文化管理就是要形成共同的目标,形成个人对企业的信仰层面的认同,形成某种共通性的文化氛围。通过文化建设,从利益共同体到事业共同体,上升到命运共同体。

(二)有效性问题与合理性

企业是一架投入产出机器,有效性是企业经营好坏的标志。企业要生产出效益,必定有所消耗,多产出一些,少消耗一些,效益就可以好一些,企业之间的竞争说到底是有效性的竞争。企业要稳定持续地生产质量过硬的产品和提供高品质的服务,需要强大的企业文化持续支持,包括以人为本、顾客至上、诚信等理念,以及相应的组织机构和规章制度、业务运作规范等。企业文化管理意味着内在的协调与控制,是最低成本的管理手段。

(三)独特性问题与自觉性

企业大多处于竞争之中,那么多的产品或服务中消费者为什么选中本企业?独特性是企业立足市场的基点。独特性要求企业具有自觉性,否则很容易进入盲目角逐、彼此效仿攀比的困境。企业文化管理是一种自我反思，目的是认识自己，改变和完善自己。自知才能明白自己的现实处境，才能目标明确、扬长避短，才能走在自己的路上，不断学习消化进步，才能将企业全体员工集合成一个共同成长的整体。

> **案例阅读**
>
> 　　国外某地的气温高达40多摄氏度，连路上也少有人在这么热的天气里走动。一次，因运输公司驾驶员的原因，运往该地的洗衣机零部件多放了一箱，这件事本来不影响工作，找机会调回来即可，但该地海尔贸易有限公司零部件经理丹先生不这么认为。他说："当天的工作安排中就定下了要调回来的内容，哪能把当日该完成的工作往后拖呢？"于是，丹先生冒着酷暑把这箱零部件及时调换了回来。

（四）延续性问题与生命力

　　企业建起来不容易，延续自身是企业的内在要求。企业的延续不依赖企业家，而取决于企业文化。文化是企业的基因，有了文化，企业才能实现在世界各地的复制，在不同时代的传承。为什么很多"明星"企业很快成为"流星"企业？主要原因在于企业缺乏持续存在的理念依据，对未来没有完成系统的战略思考。很多连锁企业为什么做不大，至今主要靠行政捆绑来维持？主要原因在于企业文化未形成，文化基因不清晰，复制能力弱。很多企业为什么在许多地方遭遇发展瓶颈？主要原因在于企业的文化基因与本土文化基因的冲突。企业文化管理就是企业自我延续的努力，一种企业生命力的开发。

> **案例阅读**
>
> 　　金某经过培训上岗，干起了冰箱总装焊接工，他的梦想是想当"海尔的焊接大王"。光想当然不行，更要平日好好练。怎么个练法？因为心急，刚开始金某就碰了"钉子"，在一次焊接比赛中成绩不理想，便一度产生了消沉情绪。
> 　　他的师傅发现这个现象后，便开导他说："任何能力的提高有一个过程，不要心急，工作事项如果日事日毕，日清日高，每天提高1%，长期坚持下来，就会有几何级数的提高。"师傅的话深深触动了金某。从此以后，他苦练基本功，业余时间寻来些废旧的切割管子，天天晚上练习。同事们说："发现废旧管子就给小金，他这个拼劲真让人佩服！"
> 　　金某焊接技术天天有提高，他终于实现了自己的梦想，在冰箱事业部举行的焊接比武中，金某荣获"焊接明星"称号，并受到公司的嘉奖。

二、企业文化管理的原则

（一）人性原则

【腾讯的企业文化建设】

　　文化的本质是"人化"，而文化的功能是"化人"。换一个角度说，一个企业只有做好了人的工作，优秀的文化才会应运而生。企业文化中的人不仅仅是指企业家、管理者，也体现在企业的全体职工。企业文化中的观念、制度、行为、物质只有符合普遍的人性要求才能真正抵达人心，被企业员工真心认可，从而激发人心深处的无穷力量，使员工自发自觉地为自己也为企业工作。例如，IBM的一位高层曾说："我要IBM的员工让人们刮目相看，受人羡慕，我要他们的妻子儿女以他们为荣，我要他们的父母被人问及子女工作时不感到羞愧。"

（二）一致原则

企业文化核心的企业精神文化需要企业制度文化的保障，最终通过企业或职工的行为文化和物质文化表现出来，这就容易形成名不符实、表里不一的现象。建设企业文化必须首先从员工的思想观念入手，树立正确的价值观念和哲学思想，帮助、监督、鼓励、提醒员工落实到日常言行之中，形成良好习惯。防止张扬的观念与实际工作"两张皮"，空喊口号，搞形式主义。

（三）经济原则

企业是一个经济组织，以营利为目的。经济性是企业的立身之本，企业的一切活动都离不开这个本，企业文化建设也不例外。

（四）个性原则

企业文化本来就是企业在其自身长期生产经营过程中形成的，是其自身历史的结果。每个企业都有自己的历史传统和经营特点，企业文化建设要充分利用这一点，建设具有自己特色的文化。照搬照抄是下策，往往行不通。必须抛开企业管理中的共性，才能让企业文化变得清晰起来。离开个性谈企业文化，往往会让答案变得共性化、表面化和片面化，使企业文化建设"画虎不成反类犬"。适合自己的文化才是最好的企业文化。企业有自己的特色，以其鲜明的个性被顾客所公认，才能在企业之林中独树一帜，才有竞争的优势。

（五）传承原则

企业文化管理是在企业传统文化的基础上进行增值开发。传承的不仅是企业内部文化，而且包括企业所在的本土文化。若想全面推倒、全然换上新的一套，企业文化就会失去根基，也就没有了生命力，只能留存精华，弃其糟粕，借鉴创新。我国传统文化中的民本思想、平等思想、务实思想等都是值得传承的。

案例阅读

海尔健康型冰箱刚推向市场，就受到广大消费者的喜爱，特别吸引大家目光的是健康型冰箱的包装箱图案设计：两个活泼可爱的"海尔兄弟"拿着气球在欢快地奔跑。包装箱图案为淡绿色，设计新颖，蕴含健康含义。让人想不到的是，参与设计人之一的黄某竟然是刚进厂的实习生。更令人想不到的是，她还独立设计了燃气灶灶具面板，并已投入生产，且产生了经济效益。

是什么让黄某有如此作为呢？

黄某说："在海尔不论资排辈，企业为每个人提供了广阔的发展空间，自己为何不紧紧把握这个机遇呢！"

白天黄某在车间实习，下班后她就来到科研所机房里，她大胆参与了健康型冰箱包装箱设计，利用休息时间，在机房里反复设计。包装箱图案设计获通过后，深受鼓舞的她，又自告奋勇承担了燃气灶灶具面板的设计。

后来，黄某又通过竞争到技术中心工作了。她感慨道："我与在其他企业工作的同时毕业的校友比较起来，是幸运的，因为海尔公平、公开、公正的赛马机制激发出了我的活力，让我无憾此生！"

三、企业文化管理需处理的三对关系

（一）企业与员工的关系

企业文化的基本着眼点是员工，客户需要员工来服务，利润需要员工来创造，制度需要员工来运作，企业经营的一切都围绕员工来开展，处理好企业与员工的关系，企业经营就有了基础。好的企业文化把企业建成员工和企业共同发展的平台，个人有发展的企业是最受员工认同的企业；好的企业文化能造就一支愉悦的员工队伍，使员工快乐地工作，企业文化更容易被员工内化，内化的企业就是执行力，就是领导力。

（二）企业与客户的关系

市场经济条件下的企业与客户关系：企业通过服务客户实现自己的需要。不满足客户，企业没有生存机会；只满足客户，企业也失去自我存在的价值。客户和企业必须双赢。好的企业文化尊人也自尊，尽力为客户考虑，也善待自己的员工。好的企业文化会赢得客户的认同；客户通过认同企业文化，认同企业产品或服务。

（三）企业与社会的关系

社会是企业的外部环境，是企业与之交换各种资源的对象，有多大的"社会"，企业就有多大的发展空间。有社会责任感的企业才能为社会成员所接纳、拥戴；相反，不承担、履行社会责任将带来一系列社会问题，会使企业经营前功尽弃。

> **案例阅读**
>
> 某洗衣机有限总公司公布了一则处理决定，一质检员由于责任心不强，造成洗衣机选择开关插头插错和漏检，被罚款50元。
>
> 这位员工作为最基层的普通员工承担了其所应该承担的工作责任。但是，从这位员工身上所反映出的质保体系上存在的问题——如何防止漏检的不合格产品流入市场来看，这一责任也应该像处理这位员工一样，落到实处，找到责任人。这位员工问题的背后，实际还存在更大的隐患，毕竟当时的产品开箱合格率和社会返修率与品牌的要求还有很大差距，这一切绝不是这位员工一个人所能造成的，体系上的漏洞使这位员工的"偶然行为"变成了"必然"。既然如此，掌握全局的领导更应该承担责任在先，先检查系统保障的问题，才能使错误越来越少。
>
> 根据"80/20"原则，这位员工的上级——分管质量的负责人也自罚300元并做出了书面检查。

【"80/20"原则】

四、企业文化管理的流程

企业文化管理是一个长期工作，需要由企业领导牵头，成立企业文化管理委员会，从各职能部门抽调人员组成工作小组，若有需要还可以请企业文化管理相关咨询公司帮助。在这期间，还必须和企业一把手充分沟通。企业一把手是企业文化管理的倡导者、组织者和推动者，企业文化一度是"老板文化"。

从企业文化建设、企业文化维护到企业文化调整，企业文化管理是一个不断推进、循环往复的过程，其流程大致见表5-1。

表 5-1 企业文化管理的流程

阶 段	进 程	任 务
建设阶段	企业文化提炼	厘清企业价值观，明确企业使命、企业愿景
	企业文化整理	整理企业理念体系，确立员工行为体系，设计企业形象识别体系，编制企业文化手册
维护阶段	企业文化运作	完善企业文化运作机制、职责和流程（企业文化培训、激励、考核）
	企业文化传播	整理和优化企业文化传播信息及媒体（企业文化口号化、故事化、沟通化、广告化、重复化）
	企业文化落实	完善企业文化落实机制、职责和流程（企业文化氛围化、活动化、文艺化、感觉化、感情化）
调整阶段	企业文化诊断	了解企业文化现状，明确企业文化瓶颈（企业文化系统性、真实性、一致性、适应性、平衡性）
	企业文化调整	明确企业文化调整方向与目标，形成企业文化调整的平台、机制和环境

企业文化建设必须有的放矢，不可纸上谈兵。发现问题，分析问题，立足解决问题的文化建设，才能得到最大的支持和参与。表 5-2 所列是不同处境下的企业可参考的几种企业文化建设模式。

表 5-2 不同处境下的企业文化建设模式

企业处境	参考模式	模式特点
（1）企业家的文化力有待形成时。 （2）推行企业文化受到传统观念束缚时。 （3）企业高层理念需要高度同一时。 （4）企业核心理念、企业价值观急需统一整合时。	建立在企业家领导下的企业家群体文化体系	借鉴先进的企业文化建设经验，结合成功的企业实践案例；展现企业家的价值取向、道德情操、睿智胆识，凸显企业家的形象力和感召力；建立企业家群体文化的优势
（1）企业确立以服务取胜市场时。 （2）企业服务影响企业形象时。 （3）企业员工服务观念、服务态度需要转变时。 （4）企业服务手段、服务质量需要丰富、提升时。 （5）企业的服务系统不健全、服务渠道不畅通时。	建立以客户为中心的企业文化服务体系	树立"客户至尊""超越客户期待"的服务观念，规范员工的服务礼仪；丰富服务手段，提升服务质量，完善服务系统，疏通服务渠道，提高企业在社会的亲和力和美誉度
（1）企业缺少凝聚力时。 （2）企业员工的忠诚度需要提高时。 （3）企业的团队精神需要提升整合时。 （4）企业缺少动力，急需增添活力时。	建立以人为本的全员资质文化体系	遵循"以人为本"的原则，着重挖掘员工的资质和潜能；增强企业的凝聚力，提高员工的忠诚度，激发员工工作的积极性、创造性和团队协作的精神，激活企业内部驱动力

续表

企 业 处 境	参考模式	模式特点
（1）企业产品质量严重滑坡时。 （2）因产品质量致使企业受到损害时。 （3）把质量为视企业生存与发展的决定因素时。 （4）推行ISO国际质量管理体系遇到阻力时。 （5）产品质量需要制定新标准、新策略、新方案时。	建立以质量为根本的企业文化体系	宣传"质量是企业的生命"和"质量是企业的衣食父母"的观念，将文化管理渗入质量管理之中，不断提高员工的质量观和全员质量意识，严格遵守国际质量认证，全面提升产品质量
（1）企业形象亟待提高时。 （2）需依靠企业形象占领市场，以形象制胜时。 （3）企业原有的形象需要更新、统一时。 （4）企业制定、实施名牌战略时	建立以企业形象战略为重点的企业文化体系	整合或重塑企业形象，制定先进的企业理念和操作性强的行为支持体系，以文化提升企业形象的附加值，增强企业形象的亲和力和感召力，提升企业的知名度和美誉度
（1）高新技术成为企业发展的瓶颈时。 （2）企业重视并确立科学技术是第一生产力时。 （3）企业对原有技术产品不满意，科研制约了企业进步时。 （4）新产品不能满足市场需求时。 （5）企业的产品文化含量不高，或需形成文化系列产品时	建立以科技开发为核心的企业文化体系	凸显以"市场促进科技开发，科技开发引导市场"的观念，培养和提升员工的科技领先的意识；体现企业尊重知识、重视人才的思想，集合人才资源，建立一种科研型和创新型的团队
（1）买方体系影响了销售业绩提高时。 （2）营销组织架构欠佳、运行不畅时。 （3）企业营销观念急需创新、整合时。 （4）销售环节协调不利时。 （5）市场服务需要改进时。	建立以市场为中心的企业营销文化体系	确立以"市场为导向，顾客为中心"的现代营销理念，树立员工的市场观、竞争观和服务观，提升员工把握市场的技能；优化和完善营销体系，制定销售方略，不断扩大市场的份额和占有率
（1）企业产品不能满足市场需求时。 （2）顾客需求量增大，企业规模扩大时。 （3）企业生产环境亟待改善时。 （4）企业生产管理水平急需提高时。	建立以生产为重心的企业文化体系	培养和提升员工的效率意识，规范员工行为，实现有效的时间管理，改善现场管理和生产环境，改进工艺，降低成本，提高劳动生产率和产品产量，以期不断满足市场的需求

当然，上述模式只能作为参考，具体的企业文化建设还需从自身入手，不能趋之若鹜、生搬硬套。"罗马不是一日建成的"，企业文化建设要耐心，要等得起，不能脱离实际、揠苗助长。企业文化要建设，更要落实、强化，还需检验、修正，不能束之高阁、只做表面文章。

五、企业行政文化管理

企业行政部门是企业文化管理工作的组织者和参与者，起着示范领头作用。企业行政文化是企业文化的重要组成部分，是企业文化在企业行政领域的落实、运用。

（一）企业行政文化的含义

企业行政文化是指企业行政人员在一定的企业文化背景下，在企业领导的倡导与推动下，在行政实践过程中所形成的对行政体系、行政活动的态度、情感、信仰、价值观等观念，在行政实践中所遵循的行政原则、行政传统和行政习惯以及行政环境、物质条件等。

企业行政文化的主体是企业行政人员，它是企业行政员工集体创造、普遍认同、互熏互养并应共同信守的文化。企业领导在企业行政文化形成与建设过程中起到关键的导向作用。

（二）企业行政文化的内容

企业行政文化包括企业行政价值观、企业行政态度、企业行政道德、企业行政思想、企业行政习俗及企业行政物质条件等。

（1）企业行政价值观是企业行政文化的核心。它是指企业行政人员在履行职责过程中共同推崇的基本信念和奉行的基本目标。

（2）企业行政态度是企业行政主体在行政过程中所表现出来的比较稳定的评价和行为倾向，突出表现为行政情感，即行政主体在行政过程中的直观评价和内心体验，需警惕嫉妒、多疑、焦虑、虚荣、自卑、麻木或冷漠等消极心理。

（3）企业行政道德是存在于行政人员内心并以一定的善恶标准调整行政关系、指导行政行为的规范准则，如服务原则、效率原则、公正原则、廉洁原则。

（4）企业行政思想是对行政活动的一种高级的理性思维和高度抽象的精神活动。

（5）企业行政习俗是行政文化的行为样式和载体，是企业行政人员在长期共同生活中形成的具有普遍意义的习惯和风俗。

（三）企业行政文化建设注意事项

作为企业的行政部门，在其文化管理中尤其需要警惕以下几点：

（1）人格化倾向。我国是一个伦理本位的社会，公共行政文化人格化取向明显，这个文化大背景不可能不影响企业的行政文化管理。人格化的权威服从关系，只对人，不对事，会使企业行政缺乏创造性和纠错机制；人格化的人际交往关系，搞人情交易，置原则于不顾，有悖于企业行政部门在管理企业事务过程中应该保持的中立、公正形象，破坏企业公平竞争秩序，影响员工的工作积极性。

（2）形式主义。行政活动容易拘泥于形式和常规，做官样文章，办事程序复杂，久而久之养成不良习性，影响效率。企业行政部门的工作效率直接关系到企业的运转效率，乃至企业的经济效益。同时，低效率行政也影响其他员工以及客户的心理，怨愤等负面心理的出现影响整个企业的工作氛围，影响企业形象。行政工作需要在规范与形式化之间做平衡。

（3）衙门架子。由于传统腐朽文化的影响，企业难免职权意识强于职务意识。服务意识不强，摆官架子，出现腐败现象。需引导行政人员在为企业谋利益的同时，应当保持廉洁自律的形象，为企业各组织各位员工提供高质量、多样化的服务。

（4）改革滞后。相对于企业其他生产经营活动，行政日常管理活动创新要求不高，行政人员对此创新意识不强,改革滞后,容易造成管理与现实情况脱节的现象。同时,重复性劳动容易养成怠慢心理,影响行政人员自身素质的提高。建设学习型组织是出路之一。

案例阅读

一天凌晨2:00刚过,某海尔冷柜售后服务中心的电话骤然响起,值班小姐迅速拿起电话,那边传来一中年男子的声音,他要求海尔维修工人马上上门服务。尽管外面寒风凛冽,且服务时间超出常规,服务中心主任仍然带着两个助手迅速上路了。

服务人员到达用户家时,敲了好长时间门,主人才出来开门,他们这才发现这位用户饮酒过量,已醉意朦胧。来到屋内,用户指着家中的冷柜说:"氟利昂泄漏,它发出一种怪味……"随后要求为他提供食宿及车费,因为为防"中毒",他要到宾馆过夜。

面对这种情况,服务人员耐心地向他解释:"冷柜制冷剂是一种无色无味的物质,且根本就没有什么怪味……"随之,对冷柜做了全面的检查,正在忙碌的时候,用户却坐在沙发上呼呼睡着了。

服务人员对冷柜做了全面检查,得出结论:冷柜一切正常,没有一点毛病。看到用户还没有醒,服务人员又为其重新清洗了冷柜。

天渐渐亮了,这位用户也醒酒了,他看到一脸疲惫的海尔师傅正在收拾工具,才回忆起夜里的那一幕。他看到焕然一新的冷柜,心里愧疚极了,嘴角抽动了几下想说什么,但服务人员挥挥手微笑着向他告别,迎着晨光踏上了归程。

知识拓展

企业形象识别系统

企业形象识别系统(Corporate Identity System,CIS)是指企业有意识,有计划地将自己企业的各种特征向社会公众主动地展示与传播,使公众在市场环境中对某一个特定的企业有一个标准化、差别化的印象和认识,以便更好地识别并留下良好的印象。

【什么时候是导入企业形象识别系统的最佳时机】

企业形象识别系统一般分为3个方面,即企业的理念识别——Mind Identity(MI),行为识别——Behavior Identity(BI)和视觉识别——Visual Identity(VI),如图5.2所示。

企业理念识别是指企业在长期生产经营过程中所形成的企业共同认可和遵守的价值准则和文化观念,以及由企业价值准则和文化观念决定的企业经营方向、经营思想和经营战略目标。它主要包括企业精神、企业价值观、企业信条、经营宗旨、经营方针、市场定位、产业构成、组织体制、社会责任和发展规划等,属于企业文化的意识形态范畴。

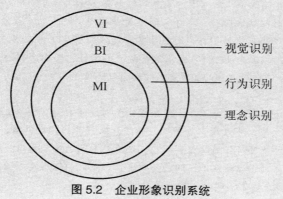

图5.2 企业形象识别系统

企业行为识别是企业理念的行为表现，包括在理念指导下的企业员工对内和对外的各种行为，以及企业的各种生产经营行为。它是企业实际经营理念与创造企业文化的准则，是对企业运作方式做统一规划而形成的动态识别形态。它以经营理念为基本出发点，对内是建立完善的组织制度、管理规范、职员教育、行为规范和福利制度；对外则是开拓市场调查、进行产品开发，透过社会公益文化活动、公共关系、营销活动等方式来传达企业理念，以获得社会公众对企业识别认同的形式。

企业视觉识别是企业理念的视觉化。它是以企业标志、标准字体、标准色彩为核心展开的完整、体系的视觉传达体系，是将企业理念、文化特质、服务内容、企业规范等抽象语意转换为具体符号的概念，塑造出独特的企业形象。视觉识别在 CIS 中最具有传播力和感染力，最容易被社会大众所接受。

企业视觉识别系统分为基本要素系统、应用要素系统两方面。基本要素系统主要包括企业名称、企业标志、标准字体、标准色彩、象征图案、标准口号等，从根本上规范了企业的视觉基本要素。

一、企业名称

企业名称必须要反映出企业的经营思想，体现企业理念；要有独特性，发音响亮并易识易读，注意谐音的含义，以避免引起不佳的联想。名字的文字要简洁明了，还要注意国际性，适应外国人的发音，以避免外语中的错误联想。表现或暗示企业形象及商品的企业名称，应与商标，尤其是与其代表的品牌相一致，也可将在市场上较有知名度的商品作为企业名称。企业名称的确定不仅要考虑传统性，而且要具有时代的特色。

二、企业标志

企业标志是特定的企业象征与识别符号，是 CIS 的核心基础。企业标志是通过简练的造型、生动的形象来传达企业的理念、具体内容、产品特性等信息。标志的设计不仅要具有强烈的视觉冲击力，而且要表达出独特的个性和时代感，必须广泛地适应各种媒体、各种材料及各种用品的制作，其表现形式可分为：图形表现（包括再现图形、象征图形、几何图形）；文字表现（包括中外文字和阿拉伯数字的组合）；综合表现（包括图形与文字的结合应用）。企业标志要以固定不变的标准原型在 CIS 设计形态中应用，必须绘制出标准的比例图，并表达出标志的轮廓、线条、距离等精密的数值。其制图可采用方格标示法、比例标示法、多圆弧角度标示法等，以便标志在放大或缩小时能精确地描绘和准确复制。

三、标准字体

标准字体包括中文、英文或其他文字字体，是根据企业名称、企业品牌名和企业地址等来进行设计的。标准字体的选用要有明确的说明性，直接传达企业、品牌的名称并强化企业形象和品牌吸引力。可根据使用方面的不同，采用企业的全称或简称来确定，字体的设计要求字形正确、富于美感并易于识读，在字体的线条粗细处理和笔画结构上要尽量清晰简化并富有装饰感。在设计时要考虑字体与标志在组合时的协调统一，对字距和造型要做周密的规划，注意字体的系统性和延展性，以适应于各种媒体和不同材料的制作，适应于各种物品大小尺寸的应用。企业的标准字体的笔画、结构和字形的设计也可体现企业精神、经营理念和产品特性，其标准制图方法是将标准字配置在适宜的方格或斜格之中，并表明字体的高、宽尺寸和角度等位置关系。

四、标准色彩

企业的标准色彩是用来象征企业并应用在视觉识别设计中所有媒体上的指定色彩。透过色彩具有的知觉刺激于心理反应，可表现出企业的经营理念及产品内容的特质，体现出企业属性和情感，标准色在视觉识别符号中具有强烈的识别效应。企业标准色的确定要根据企业的行业的属性，突出企业与同行的差别，并创造出与众不同的色彩效果，标准色的选用是以国际标准色为标准的，企业的标准色使用不宜过多，通常不超过 3 种颜色。

五、象征图案

企业象征图案是为了配合基本要素在各种媒体上广泛应用而设计的，在内涵上要体现企业精神，起到衬托和强化企业形象的作用。通过象征图案的丰富造型，来补充标志符号建立的企业形象，使其意义更完整、更易识别、更具表现。象征图案在表现形式上采用简单抽象并与标志图形既有对比又保持协调的关系，也可根据标志或组成标志的造型内涵来进行设计。在与基本要素组合使用时，要有强弱变化的律动感和明确的主次关系，并根据不同媒体的需求做各种展开应用的规划组合设计，以保证企业识别的统一性和规范性，强化整个系统的视觉冲击力，产生出视觉的诱导效果。

六、标语口号

标语口号是企业理念的概括，是企业根据自身的营销活动或理念研究出来的一种文字宣传标语。企业标语口号的确定要求文字简洁、朗朗上口。准确而响亮的企业标语口号对内能激发出职员为企业目标而努力，对外则能表达出企业发展的目标和方向，提高企业在公众心里的印象，其主要作用是对企业形象和企业产品形象的补充，以达到使社会大众在瞬间的视听中了解企业思想，并留下对企业或产品难以忘却的印象。

例如，海尔各类产品形象用语有：

海尔冰箱——为您着想

海尔空调——永创新高

海尔冷柜——开创生活新标准

海尔洗衣机——专为您设计

海尔电脑——为您创造

海尔彩电——风光无限

海尔健康热水器——安全到家

海尔电工——家务轻松

企业视觉识别应用要素系统即是对基本要素在各种媒体上的应用所做出具体而明确的规定。它主要包括办公事务用品、生产设备、建筑环境、产品包装、广告媒体、交通工具、衣着制服、旗帜、招牌、标识牌、橱窗、陈列展示等。

企业形象标识的应用

当企业视觉识别基本要素被确定后，就要从事这些要素的精细化作业，开发各应用项目。最基本的是将企业名称的标准字与标志等组成不同的单元，以配合各种不同的应用项目。当各种视觉设计要素在各应用项目上的组合关系确定后，就应严格地固定下来，以期达到通过同一性、系统化，来加强视觉吸引力的作用。

一、办公事务用品

办公事务用品的设计制作应充分体现统一性和规范化，表现出企业的精神。其设计方案应严格规定办公用品形式排列顺序，以标志图形安排、文字格式、色彩套数及所有尺寸为依据，以形成办公事务用品的严肃、完整、精确和统一规范的格式，给人一种全新的感受并表现出企业的风格，同时也展示出现代办公的高度集中化和现代企业文化向各领域渗透传播的攻势，包括信封、信纸、便笺、名片、徽章、工作证、请柬、文件夹、介绍信、账票、备忘录、资料袋、公文表格等。

二、企业外部建筑环境

企业外部建筑环境设计是企业形象在公共场合的视觉再现，是一种公开化、有特色的群体设计和标志着企业面貌的特征系统。在设计上借助企业周围的环境，突出和强调企业识别标志，并贯彻于周围环境当中，充分体现企业形象统一的标准化、正规化和企业形象的坚定性，以便使观者在眼花缭乱的都市中获得好感。它主要包括建筑造型、旗帜、门面、招牌、公共识标牌、路标指示牌、广告塔等。

三、企业内部建筑环境

企业的内部建筑环境是指企业的办公室、销售厅、会议室、休息室、房内部环境形象。设计时是把企业识别标志贯彻于企业室内环境之中，从根本上塑造、渲染、传播企业识别形象，并充分体现企业形象的统一性。它主要包括企业内部各部门标示、企业形象牌、吊牌、POP 广告、货架标牌等。

四、交通工具

交通工具是一种流动性、公开化的企业形象传播方式，它们多次的流动给人瞬间的记忆，有意无意地建立起企业的形象。设计时应具体考虑它们的移动和快速流动的特点，要运用标准字体和标准色彩来统一各种交通工具外观的设计效果。企业标志和字体应醒目，色彩要强烈，这样才能引起人们注意，并最大限度地发挥其流动广告的视觉效果。交通工具主要包括轿车、中巴、大巴、货车、工具车等。

五、服装服饰

企业整洁高雅的服装服饰统一设计，可以提高企业员工对企业的归属感、荣誉感和主人翁意识，改变员工的精神面貌，促进工作效率的提高，并促进员工纪律的严明和对企业的责任心，设计应严格区分出工作范围、性质和特点，符合不同岗位的着装，主要有经理制服、管理人员制服、员工制服、礼仪制服、文化衬衫、领带、工作帽、胸卡等。

六、广告媒体

企业选择各种不同媒体的广告形式对外宣传，是一种长远、整体、宣传性极强的传播方式，可在短期内以最快的速度、在最广泛的范围中将企业信息传达出去，是现代企业传达信息的主要手段。广告媒体主要有电视广告、报纸广告、杂志广告、路牌广告、招贴广告等。

七、产品包装

产品是企业的经济来源，产品包装起着保护、销售、传播企业和产品形象的作用，是一种记号化、信息化、商品化流通的企业形象，因而代表着产品生产企业的形象，并象征着商品质量的优劣和价格的高低。所以系统化的包装设计具有强大的推销作用。成功的包装是最好、最便利的宣传、介绍企业和树立良好企业形象的途径。产品包装主要包括纸盒包装、纸袋包装、木箱包装、玻璃包装、塑料包装、金属包装、陶瓷包装、包装纸等。

八、赠送礼品

企业礼品主要是为了使企业形象或企业精神更形象化和富有人情味而用来联系感情、沟通交流、协调关系的，是以企业标识为导向、传播企业形象为目的，将企业形象组合表现在日常生活用品上的。企业礼品同时也是一种行之有效的广告形式，主要有T恤衫、领带、领带夹、打火机、钥匙牌、雨伞、纪念章、礼品袋等。

九、陈列展示

陈列展示是企业营销活动中运用广告媒体，以突出企业形象并对企业产品或销售方式进行传播的活动。在设计时要突出陈列展示的整体活动。在设计时要突出陈列展示的整体感、顺序感和新颖感，以表现出企业的精神风貌。它主要包括有橱窗展示、展览展示、货架商品展示、陈列商品展示等。

十、印刷出版物

企业的印刷出版物品代表着企业的形象，直接与企业的关系者和社会大众见面。其设计是为取得良好的视觉效果，充分体现出强烈的统一性和规范化，表现出企业的精神，编排要一致，固定印刷字体和排版格式，并将企业标志和标准字体统一安置在某一特定的版式风格，营造一种统一的视觉形象来强化公众的印象。它主要包括企业简介、商品说明书、产品简介、企业简报、年历等。

CIS 作为企业形象一体化的设计系统，是一种建立和传达企业形象的完整和理想的方法。企业可通过 CIS 设计对其办公系统、生产系统、管理系统及经营、包装、广告等系统形成规范化设计和规范化管理，由此来调动企业每个职员的积极性并参与企业的发展战略。通过一体化的符号形式来划分企业的责任和义务，使企业经营在各职能部门中有效地运作，建立起企业与众不同的个性形象，使企业产品与其他同类产品区别开来，在同行中脱颖而出，迅速有效地帮助企业创造出品牌效应，占有市场。

CIS 的实施，对企业内部而言，可使企业的经营管理走向科学化和条理化，趋向符号化，根据市场和企业的发展有目的地制定经营理念，制定一套能够贯彻的管理原则和管理规范，以符号的形式参照执行，使企业的生产过程和市场流通流程化，以降低成本和损耗，有效地提高产品质量。对外传播形式，则是利用各种媒体进行统一性的推出，使社会大众大量地接受企业传播信息，建立起良好的企业形象来提高企业及产品的知名度，增强社会大众对企业形象的记忆和对企业产品的认购率，使企业产品更为畅销，为企业带来更好的社会效益和经营效益。

CIS 的核心目的是通过企业行为识别和企业视觉识别传达企业理念，树立企业形象。

能力训练

训练一

任务：在当地调查几家企业，了解其企业文化，制作企业文化宣传手册，并进行宣传演讲（准备PPT）。

知识目标：进一步加深对企业文化结构及其要素的认识。

能力点：团队合作、沟通交流、信息采集及编辑能力。

实施步骤：

（1）学生 4~6 人为一个小组，1 人任组长。

（2）每小组选定 1 家当地企业，向企业提供项目任务的背景信息，调查了解其企业文化。

（3）根据企业的实际情况，小组分析提炼企业文化，完成 1 份企业文化宣传手册。

（4）小组制作 PPT，宣传演讲的调查企业的企业文化。

（5）教师小结，每位同学写出实训报告及总结。

训练二

任务：在当地选定几家企业文化建设较成熟的企业，深入调查，了解其企业文化管理现状并做出评估，完成 1 份企业文化管理评估报告。

知识目标：进一步加深对企业文化管理原则的认识，了解企业文化管理的流程。

能力点：团队合作、沟通交流、信息采集与分析能力。

实施步骤：

（1）学生 4~6 人为一个小组，1 人任组长。

（2）每小组选定 1 家当地企业文化建设较成熟的企业，向企业提供项目任务的背景信息，深入调查其企业文化管理现状。

（3）根据实际情况，分析、评估企业文化管理现状，完成 1 份企业文化管理评估报告。

（4）学生交流调查体会及对企业文化建设的认识。

（5）教师小结，每位同学写出实训报告及总结。

训练三

A 公司的董事 B 获悉公司对包括自己在内的部分董事的私人电话和邮件进行跟踪时，愤然离职，并向相关机构举报了相关负责人的非法行为。此人不是别人,正是 A 公司的"最高舵手"——公司董事长 C。为了调查公司泄密问题,C 找来的两家调查公司使用"假托"技术,窃取了多位 A 公司董事和 9 名记者的家庭电话记录。在 A 公司骄傲的企业文化中,"相信、尊重个人,尊重员工"一直是其光荣的宣言,该文化从两位创始人白手起家时就开始渗透,并被纳入"A 公司经营之道"的核心中。"电话门"曝光后,在外界强烈批评的压力下,董事长 C 被 A 公司董事会除名。

问题:
(1)为何企业精神文化和企业管理者的行为会出现矛盾?
(2)对于董事会的决定,你是否赞同?为什么?
(3)从该事件能看出企业文化有哪些特点?

训练四

淘宝网作为一个交易额巨大的电商平台,被称为"创业者的乐园"。但据媒体曝光,某些"淘宝小二"收受网商贿赂,利用手中职权为网商刷信誉、删差评、上促销平台,俨然形成了一条围绕淘宝而生的巨大灰色利益链条。阿里巴巴集团很快做出了回应,处理了一些涉案的"小二"和商家,有的已经移交司法机关。在一份充满感叹号的声明中,阿里巴巴集团表示"将继续严厉打击此类行为",更是痛斥那些腐败的"小二"。据悉,淘宝的"小二"都是平均年龄只有 27 岁左右的年轻人,他们掌握着 800 多万商家从开店到提高业务量的"生杀大权"。阿里巴巴集团也意识到,解决腐败滋生问题,需要一套完整的体系来持续不断地防范。

问题:
(1)"淘宝小二"腐败现象的原因有哪些?
(2)从该事件能看出淘宝企业文化建设有何纰漏?
(3)如果你是阿里巴巴高层,面对这种情况,你会采取哪些措施?

思考与练习

(1)什么是企业文化?它的基本特点有哪些?
(2)如何理解企业文化的结构?其各个层次之间有何内在联系?
(3)联系实际谈谈企业文化的功能及作用。
(4)企业文化管理的流程是怎样的?
(5)企业行政文化管理需要注意哪些方面?
(6)假如你进入一家公司后,你会如何对待公司文化?

模块六
企业人力资源管理

【学习目标】

知 识 目 标	能 力 目 标
（1）了解企业人事行政管理的基本内容。 （2）熟悉企业招聘工作的基本流程。 （3）掌握企业员工考核的具体操作方法。 （4）熟悉企业员工薪酬的构成、薪酬设计原则及方法	（1）能够较好地梳理企业人事行政管理的具体工作。 （2）能够按照科学的步骤进行企业员工招聘工作。 （3）能够运用恰当的方法开展企业员工考核工作。 （4）能够按照合理的流程进行企业员工薪酬管理工作

【案例引导】

A 公司是一家中等规模的私营企业，员工有 2000 多人，主要从事电信行业的生产与销售，连续多年出现了高利润、高增长的发展趋势，未来发展潜力看好。

张某今年 29 岁，获得 MBA 学位后，进入 A 公司工作，担任人事部经理。在此之前，他曾在一家设备安装公司做过 3 年的人事行政工作。现在，他准备到新公司好好干一番事业。

A 公司人事部有 40 多名员工，相对于全公司而言，大体是一名人事员工对应 50 名普通员工。人事部有多名职能主管，分管薪酬设计、人员招聘和考核工作。

张某到任之后不久便发现了问题。比如，公司各部门的工作很少有"规划"，每名员工的工作都没有明确的分工，一份工作可以由甲干，也可以由乙干，全凭各人的技能和兴趣完成。有不少个人能力强于本人职务要求的员工为此感到不快。当问及公司为何如此时，他们的回答是："一开始就是这样的。"

另外，人事部仅有 1/2 的员工具备人力资源及相关专业的学历，仅有 1/4 的员工具有人事管理工作经验。除此之外，很多员工都是由普通员工转任或提升上来的。人事部的 4 名主管，一位原先是图书馆管理员，一位曾是办公室秘书，另两位主管虽然有人事工作经验，但都没有专业学历。至于 4 名主管手下的员工，学历更是五花八门。

尽管人事部的工作任务非常繁重,但其他部门似乎并不满意,总认为人事部不能及时对它们的要求做出反应。各个用人部门产生职位空缺后上报到人力资源部,而人力资源部至少要半个月后才能找到合适的人员上岗,好多刚刚上岗的员工不久再次离职。而且,人事部对公司的战略规划了解甚少,人事部的决策也很难对公司的大政方针产生影响。

张某的前任王某在担任人事部经理期间,员工工资涨幅不大,员工不满情绪日益高涨。张某也曾向公司总裁提出调整员工工资标准的方案,并建议公司适当修改一下薪资制度。公司总裁虽然表示可以考虑,但至今没有动静。

张某认为,公司的实际情况与先前所想的大不一样。但仔细想想,自己又不能对此提出太多的异议。公司的每项制度与管理方式都有自己的传统,张某还不敢说这种传统有多么不好,况且,目前公司运转情况还是不错的。

讨论:
(1)A公司在人事管理上存在哪些问题?
(2)张某应怎样强化人事部的职能?

【知识储备】

第一节 企业员工招聘

如果将获得与配置人力资源视为企业人事行政管理活动的起点,那么,人员招聘便是起点的起点。在市场经济条件下,由于企业发展多变,人员流动率很高,所以企业的高层管理者通常将人员招聘看作最重要的人事行政管理工作。

> **特别关注**
>
> 人员招聘工作十分复杂,涉及企业招聘政策的制定、招聘渠道的选择、求职申请表的设计和招聘方法的选择。常用的招聘方法有笔试、面试、情景模拟测试、心理测验和劳动技能测试等。

一、人员招聘的含义

人员招聘是根据人力资源规划所确定的人员需求,通过多种渠道,利用多种手段,广泛吸引具备相应资格的人员向本企业求职的过程。这个过程直接影响企业在人员配置方面的成本效益,直接影响人员征选录用工作的难度、工作量和成效。

从求职者的数量来看,如果通过招聘吸引来的求职者数量与需补充人员的岗位数量的比例过小,则人员选择的范围较小,获得合格人员的可能性也相对较小;如果吸引来的求职者数量过多,虽然选择余地较大,但征选工作量也较大,使得招聘成本增加。从求职者的质量来看,如果招聘的方向和范围与人员需求相适应,则征选工作的难度较小,使得企业招聘成本降低;反之则相反。

二、人员招聘的渠道

(一)内部招聘

内部招聘是从企业内部选拔合适的人才来补充空缺或新增的职位。内部招聘主要有以下两种重要的招聘渠道。

1. 布告招标

布告招标是在企业内部招聘的普通方法。过去的做法是在企业的公告栏发布工作岗位空缺的信息，现在则采用多种方式发布招聘信息。采用布告招标时，要允许雇员有时间去"投标"，"投标"时要求雇员填写一张表格。采用布告招标时，要满足以下几个要求：

（1）至少要在内部招聘前一周发布信息。

（2）应该清楚地列出工作内容和工作规范。

（3）使所有申请人收到有关申请书的反馈信息。

布告招标有利于发挥企业内现有人员的工作积极性，而且能激励士气，鼓励员工在企业中建功立业，并且比较省时和经济。

2. 利用技术档案的信息

内部招聘的另一种方法是利用现有人员技术档案（技能清单）中的信息。这些信息可以帮助招聘者确定合适的人选，招聘者可以与他们接触，了解他们是否想提出申请。这种方法可以和布告招标共同使用，以确保岗位空缺引起所有有资格申请人的注意，利用技术档案的信息的优点是可以在整个企业内发掘合适的候选人，而且技术档案包含的信息比较全面，采用这种方法比较省时。

> **特别关注**
>
> 在内部招聘中，无论采用哪种方式，都要求应聘者填写求职申请表，针对本企业当前存在的职位空缺来阐述自己的背景和特点，使人力资源部门能够将申请者的情况与岗位说明的内容进行比较，进而确定面试人员名单。

（二）外部招聘

1. 广告招聘

广告招聘是应用广泛的一种方式，通过广播、电视、报纸、出版物和网络等媒介向公众传送企业的人员需求信息。广告招聘的作用一方面是可将有关工作的性质、要求和雇员应该具备的资格等信息提供给潜在的应聘者；另一方面是向应聘者"兜售"企业的优势。但这种外部招聘形式的最大问题是，往往引起大量不合格的人来应聘，增大了错误选择的可能性。

招聘广告的设计很重要。一则优秀的广告会充分显示出企业对人才的吸引和企业自身的魅力。一则完整的招聘广告应包含以下内容：

（1）标题，如"××单位诚聘""招聘启事""急聘"等。

（2）组织情况，包括企业规模、性质、经营范围、所在地、注册资金等。

（3）招聘的岗位和人数，所需的资格条件，包括招聘的专业限制、年龄和学历限制、工作经验限制等。

（4）应聘方法，包括需提交的应聘资料、招聘期限、联系方法等。

> **案例阅读**
>
> **某公司的招聘广告**
>
> 某公司主要从事计算机网络工程、数据库和应用系统开发，是一家高新技术企业。现公司因发

展需要，经人才交流服务中心批准，特诚聘优秀人士加盟。

1. 软件工程师 15 名

40 岁以下，硕士及以上学历，5 年以上工作经验，计算机、通信及相关专业，特别优秀的本科生也可。

2. 网络工程师 3 名

硕士及以上学历，1 年以上网络工作经验，熟悉 TCP/IP 协议集，有独立承担大中型网络集成经验，经过专业培训及取得认证者优先。

3. 销售代表 10 名

男女不限，27 岁以下，本科及以上学历，计算机、通信及相关专业，口齿伶俐、仪表大方、举止得体、勤奋好学。

4. 产品销售 2 名

男女各 1 名，27 岁以下，本科及以上学历，计算机、通信及相关专业，应届毕业生也可。

5. 市场策划 2 名

27 岁以下，本科及以上学历，有过成功策划案例，1 年以上工作经验。

6. 平面设计 2 名

男女不限，27 岁以下，专科及以上学历，设计专业毕业，熟练掌握 Photoshop、CorelDRAW 或 3ds Max 等工具，有成熟设计案例，色彩感敏锐。

以上人员一经录用，待遇从优。有意者请将个人简介、薪金要求、学历证明复印件及其他能证明工作能力的资料，于 20××年××月××日前发送（或邮寄）某公司人力资源部。

地址：××市××路××号

电话：××××××

联系人：王××

E-mail：abc@×××.com

2. 招聘会

招聘会也是企业最常用的招聘方式，供需双方直接见面、对话，进行双向交流。招聘会开放性强，选择余地大，应聘的人数也较多，因此最受企业青睐。招聘会可分为综合招聘会和专场招聘会两种。综合招聘会的参展单位和前去应聘的人员都比较多，人气很旺，但成功率不是很高；专场招聘会不像综合招聘会那样人头攒动，但它定位准确，洽谈成功率比较高。在资金投入方面，同样的广告投入，综合招聘会利用率和经济效益都要比专场招聘会高。

招聘会和其他招聘方式相比，通常费用较低。企业可根据招聘人才层次的高低，选择面向不同市场的不同层次的招聘会。

3. 校园招聘

应届专科生、本科生和研究生是大多数专业管理人员和工程技术人员的主要来源。校园招聘可以通过校园网、招聘海报和专场招聘会等途径来进行宣传，也可以由企业管理人员或者其他代表访问学校发表招聘演讲。选择校园招聘时要考虑以下几个因素：

（1）要明确岗位的类型。如果一家企业需要控制水污染技术的人员，那么招聘人员就必须去那些设有环境保护专业的学校。

（2）视企业的规模而定。大型企业可以到全国各地的大学去招聘，而小型企业则主要在当地的大学招聘。

（3）与过去招聘的经历和结果对比。如果以前在某校招聘的员工跳槽率很高或实际能力很低，那么企业就不应再去该校了。

4. 代理招聘

代理招聘是指企业授予职业介绍机构一定的权限，委托职业介绍机构为其选择、推荐人才的一种方式。这种方式既可以利用各种人才市场、劳务市场、职业介绍所进行招聘，也可以委托各类学校的毕业生分配部门推荐。选择代理招聘主要因为以下几种情况：

（1）用人单位选择所需的人才有一定难度，必须通过中介机构才能完成。

（2）需求量极少。

（3）招聘条件非常明确或者工种比较单一，通过中介机构来招聘比较方便。

这种招聘方法具有选择面大、可信性大、工作人员少的特点。

5. 网络招聘

网络招聘作为一种新兴的招聘渠道，由于其具有成本低、容量大、速度快和强调个性化服务的优势，所以受到各类企业的青睐。目前，很多招聘职位通过互联网发布，大多数以员工技能为基础的国内企业愿意采用网络招聘的形式。尤其是一些 IT 公司，利用网络招聘往往比招聘会和校园招聘的方式要有效得多。现在的网络招聘主要是针对中层人才，预计将来其范围会不断扩大。虽然网络招聘在很长的一段时期内还无法取代传统的招聘方式，但它无疑已成为一种影响力大、效果好的招聘方式。

6. 员工引荐

员工引荐是将有关工作空缺的信息告诉现有员工，请他们向企业推荐潜在的申请人的方式。这种方式省时、省钱并能取得较好的效果，所以在很多企业获得广泛的应用。例如，IBM 公司就鼓励员工推荐他们的亲友，并把这看作最好的保证。实际情况表明，通过这种方式招聘的人员比用其他方式招聘的人员跳槽率更低。

正如任何事物都存在正反两个方面一样，对于企业来说，内部招聘和外部招聘这两种招聘渠道也是各有优劣的，否则就不会存在招聘渠道的选择问题。表 6-1 对这两种招聘渠道的优劣做了简单分析。

表 6-1　两种招聘渠道的优劣分析

招聘渠道	优　　势	劣　　势
内部招聘	（1）有利于提高员工的士气和发展期望。 （2）对组织工作的程序、企业文化、领导方式等比较熟悉，能够迅速地展开工作。 （3）对企业目标认同感强，辞职可能性小，有利于个人和企业的长期发展。 （4）风险小，对员工的工作绩效、能力和人品等基本了解，可靠性较高。 （5）节约时间和费用	（1）容易引起同事间的过度竞争，导致内耗。 （2）竞争失利者感到心理不平衡，难以安抚，容易拉低士气。 （3）新上任者面对的是"老人"，难以建立起领导声望。 （4）容易产生"近亲繁殖"问题，思想观念因循守旧，思考范围狭窄，缺乏创新与活力
外部招聘	（1）为企业注入新鲜的"血液"，能够给企业带来活力。 （2）避免企业内部相互竞争而造成气氛紧张。 （3）给企业内部人员以压力，激发他们的工作动力。 （4）选择的范围比较广，可以招聘到优秀的人才	（1）对内部人员是一个打击，他们感到晋升无望，会影响工作热情。 （2）外部人员对企业情况不了解，需要较长的时间来适应。 （3）企业对外部人员不是很了解，不容易做出客观的评价，可靠性比较差。 （4）外部人员不一定认同企业的价值观和企业文化，会给企业的稳定造成影响

由于这两种渠道各有优劣，所以企业在选择是从内部招聘还是从外部招聘时，往往需要综合考虑这些利弊后才能够做出决策。而且对于这一问题，也没有标准的答案，有些企业倾向于从外部进行招聘，有些企业则倾向于从内部进行招聘。例如，通用电气公司几十年来一直都从内部选拔 CEO，而 IBM、惠普等公司的 CEO 则大多从外部招聘。一般来说，企业往往是将这两种方式结合起来使用的。

三、员工招聘的程序

（一）招聘前的准备工作

企业在运作过程中会因为一些因素，需要招聘新员工。而作为战略储备，企业发展也需要新增员工，填补离职人员的空缺。一家较正规的企业，其员工招聘应该是一个有目的、有计划的行为，所以在招聘前会做好准备工作，包括人员需求调查、招聘决策和发布招聘信息。

1. 人员需求调查

一般情况下，人事行政部门应事先规划好各个阶段的人员需求状况，定期调查、调整各部门的人员需求，制订招聘计划，保证招聘工作有的放矢、有条不紊地按计划实施。从图 6.1 可以看到，人员招聘的流程是从人员需求分析开始的，只有明确企业的人员需求情况，才能进行下一步的招聘程序，招聘工作才能顺利开展。

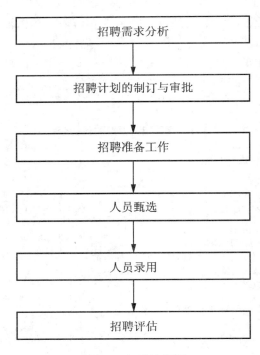

图 6.1　招聘流程图

2. 招聘决策

在这个阶段，人事行政部门组织企业内部人事调配或统一规划人员需求计划。招聘决策的过程为：各部门填写人员需求表，表达本部门的人员需求情况，人事部门分析招聘的可行性并制订招聘计划，企业决定是否补充员工。应聘登记表详见表6-2。

表 6-2　应聘登记表

首聘职务			期望月薪			
姓　　名		性　别		出生日期		民　族	
籍　　贯		学　历		政治面貌		专　业	
毕业校系及专业				毕业时间		
家庭地址				手机号码		
现居住地				联系电话		
学习及培训经历	起讫时间	学校或机构名称		专　业		
社会实践经历	起讫时间	工作单位	联系人及电话	职　位		
个人所获证书及奖项						
自我综合评价						
人力资源部意见						

3. 发布招聘信息

发布招聘信息就是向可能应聘的人群传递企业将要招聘的信息。企业批准补充员工后，人事行政部门对职位工作进行分析，编写或修订工作说明书，明确职位的职责权限、任职资格、工作内容、工作目标等，为日后招聘工作提供依据。一般情况下，人事行政部门主要根据职位说明书来拟订招聘广告的内容，并根据招聘规模和招聘预算考虑信息发布的费用成本、招聘信息覆盖的范围、招聘信息能否及时准确地送达目标人群等因素，选择相应的信息发布渠道。

（二）招聘中的测试

通过招聘信息渠道，求职者会通过各种方式向招聘单位投递个人简历，如通过邮寄、电子邮件、传真、直接交给招聘单位、通过内部员工等方式交到人事行政部门。人事行政部门收集了足够的应聘资料后，要进行统计，以便招聘工作结束后评价招聘信息发布的效果，为以后选择招聘渠道提供借鉴；然后，根据招聘职位的条件筛选符合"硬件"要求的应聘者，安排其进行测试。招聘测试是指在招聘过程中，运用各种科学和经验方法对应聘者加以客观鉴定的总称。人员招聘测试的种类很多，目前企业用得比较多的有以下几种。

1. 笔试

通过笔试，主要了解应聘者是否掌握应聘岗位必须具备的基础知识和专业知识。笔试一般在招聘初期进行，成绩合格者才能继续参加下轮的测试。

2. 面试

面试是招聘者通过与应聘者正式交谈，了解其业务知识水平、外貌风度、工作经验、求职动机、表达能力、反应能力、个人修养和逻辑性思维等各项情况的方法，一般在资格审查、笔试、心理测试之后进行。

3. 劳动技能测试

如果某些岗位对应聘者有劳动技能的要求，就必须进行这种测试。例如，工厂招聘生产工人，可设计一些测试道具进行测试；餐饮业招聘服务员，可让应聘者见习几天。

4. 心理测试

心理测试是运用心理测量技术了解应聘者智力水平和个性特征的一种方法。目前，这种方法在西方国家的招聘录用中使用得非常广泛。心理测试的内容主要分为智力测验、个性测验和特殊能力测验3类。

5. 情景模拟

情景模拟是指根据应聘者应聘的职务，编制一套与职务实际情况相似的测试项目，将应聘者安排在模拟的工作情景中处理各种问题，进而对其进行评价的一系列方法。情景模拟的主要方法有公文处理、无领导小组讨论、角色扮演等几种。

6. 背景调查

背景调查是指通过从应聘者提供的证明人或以前工作的单位那里收集的资料，来核实应聘者的个人资料的行为，是一种能直接证明应聘者情况的有效方法。通过背景调查，可以获取应聘者的教育和工作经历、个人品质、交往能力、工作能力等信息。

（三）招聘后的人事决策

1. 录用通知书

录用通知书是企业录用员工的书面材料。为了使被录用者了解录用情况，录用通知书应包括以下内容：

（1）有关工作和聘用条件的详细说明。

（2）有关企业人事制度和规定。

（3）员工准确报到时间、携带物品及正式开始工作的日期。

（4）为员工复函企业所准备的有关材料等。

2. 建立新员工档案

当新员工报到时，企业应立即着手建立档案。档案包括录用通知书、申请表、合同书及其他有关该员工的备份资料等。这些档案记载了员工就职前的基本情况，也将伴随员工在企业的工作，它是企业掌握员工活动情况、决定员工是否适合工作和发展方向的文字材料。

3. 对员工进行任职前教育

对员工任职前教育包括两个方面内容：一方面，要激发起员工的工作热情。企业费了很大的人力、财力录用新员工，如果不能在实际工作中激发起员工的工作热情而使人才流失的话，对企业来讲是非常不利的。企业留不住人，那么它在员工心中的印象就很差，就不会有高素质人才来求职，所以企业要对新员工进行必要的教育，激发起他们与企业共同发展的激情，使他们留在企业中。另一方面，要根据工作环境和工作本身要求对新员工进行上岗前的教育，将企业的概况和工作现场的具体内容通过形象化的方式灌输给新员工，这对企业很重要。

4. 员工的安排与试用

员工进入企业后，企业要为其安排合适的职位。一般来说，员工的职位均是按照招聘的要求和应聘者的应聘意愿来安排的。人员安排即人员试用的开始，而试用是对员工的能力与潜力、个人品质与心理素质的进一步考核。

5. 正式录用

员工的正式录用即通常所称的"转正"，是指试用期满且试用合格的员工正式成为企业成员的过程。员工能否被正式录用关键在于试用部门对其考核的结果。企业对试用员工应坚持公平、择优的原则进行录用。在正式录用过程中，用人部门与人事行政部门应完成以下主要工作：

（1）员工试用期的考核鉴定。

（2）根据考核情况做出正式录用决策。

（3）与员工签订正式的雇佣合同。

（4）给员工提供相应的待遇。

（5）制订员工发展计划。

（6）为员工提供必要的帮助和咨询等。

第二节　企业员工考核

员工工作的好坏、业绩的高低直接影响企业的整体效益。因此，掌握和提高员工的工作业绩是企业人事行政管理工作的一个重要目标，员工业绩管理就是实现这一目标的人事行政管理工作。

> **特别关注**
>
> 运用科学的标准和方法，对员工的工作绩效进行定期考核，目的不仅是规划企业人事行政工作，达到企业预期的目标，而且对于员工来说，也可加强其自律性，修正个体行为，使其符合组织要求。

一、员工考核的含义

员工考核作为人事行政管理工作的核心环节之一,对企业业绩影响的重要程度已经为企业界普遍所关注。但是,大部分企业在如何推进考核方面,仍面临着各种困惑。这些困惑是来自多方面的,既有对考核本质认识不清的问题,也有方法和手段欠缺的问题。

考核是指对员工在工作过程中表现出来的工作业绩(如工作的数量、质量和社会效益等)、工作能力、工作态度和个人品德等进行评价,并用它判断员工与岗位的要求是否相称。考核不仅仅是对员工工作绩效的考核,还应促使员工的工作活动、工作产出能够与组织的目标保持一致。

员工考核包括3个层面的含义:

(1)考核是从企业经营目标出发对员工工作进行考核,并使考核结果与其他人事行政管理工作相结合,推动企业经营目标的实现。

(2)考核是企业人事行政管理系统的重要组成部分,它运用一套系统的制度性规范、程序和方法进行考核。

(3)考核是对企业员工在日常工作中所表现的能力、态度和业绩进行实事求是的评价。

二、员工考核的内容

员工考核的具体内容取决于考核活动的目的。一般将员工考核的内容分为德、能、勤、绩4个方面,这4个方面并不是孤立存在的,都是为了实现特定的管理目的而相互联系,形成一个整体的考核系统。

(一)德

德是人的精神世界、道德品质和思想追求的综合体现,决定一个人的行为方向——为什么而做、行为的强弱——做的努力程度、行为的方式——采取何种手段达到目的。德的标准不是抽象、一成不变的,不同的时代、行业、层次,对德有不同的标准。

德主要是指员工的道德品质、思想觉悟、组织倾向、价值取向等。一般来说,对管理者的要求包括以集体利益为重、以工作为重、关心员工等;对普通员工的要求包括热爱集体、干一行爱一行、努力工作、具有团队精神等。

(二)能

工作能力考核是考核员工在职务工作中发挥出来的能力,如在工作中判断是否正确、工作效率如何、工作协调能力怎样等。一般根据被考核者在工作中表现出来的能力,参照相关标准或要求,对被考核者所担当的职务与其能力是否匹配进行评定。

能主要体现在4个方面:专业知识和相关知识,相关技能、技术和技巧,相关工作经验,所需体能和体力。需要指出的是,企业员工考核中的工作能力考核和一般性能力测试不同,前者与被考核者所从事的工作相关,主要评价其能力是否符合所担任的工作和职务,而后者是从人的本身属性对员工的能力进行评价,不一定要和员工所从事的工作相联系。在对员工的工作能力进行考核时,由于需要考核者对员工的工作能力做出评判,故此类考核标准一般为主观性指标。在进行工作能力考核时,应注意全面评价员工的专业性的工作技能和相关的基本技能,而后者常常为企业所忽略。考核常用的相关基本技能包括人际技能、沟通技能、协调技能、公关技能、组织技能、分析和判断技能、处理和解决问题技能等。

(三) 勤

勤主要强调的是工作态度。从理论上讲，工作能力强弱将导致工作业绩的好坏，但在现实中，工作能力强弱与工作业绩的好坏之间并非完全的正相关关系。在工作能力向工作业绩转化的过程中，需要借助一种转化剂——工作态度。工作能力强的人可能由于工作态度的原因并不能取得相应的工作业绩，而工作能力较差的员工也可能由于工作态度较好而取得较好的工作业绩，不同的工作态度将可能产生不同的工作结果。事实上，企业对员工的工作态度进行考核的意义，就在于希望通过考核，鼓励员工端正工作态度，充分发挥现有的工作能力，最大限度地创造优异的工作业绩。

显然，员工的工作态度很难用具体数字来表述，在对员工进行工作态度考核时，也需要考核者对员工表现出的工作态度做出评判，故此类指标也是主观性指标。

(四) 绩

绩就是指工作业绩。所谓工作业绩，就是员工履行岗位工作职责的直接结果。工作业绩考核就是对员工完成岗位工作职责情况进行考核的过程。这个考核的过程不仅仅要说明各级员工的工作完成情况，更重要的是通过这些考核指导员工有计划地改进工作，以达到企业发展的要求。工作业绩考核对于管理者和员工个人来说，都是非常有必要的。对于企业管理者来说，他们都希望员工能够通过职务行为促进企业完成既定的经营目标，能够将对员工工作业绩的考核直接反映到实现企业经营业绩的过程中，并对这一过程进行控制。对于每一名员工来说，他们都希望自己的工作业绩能够得到承认，因而需要通过业绩考核的结果来客观反映自己的贡献。

三、员工考评的方法

(一) 简单排序法

简单排序法是以员工考核的各个因素为依据，对员工进行比较排序，得出员工考核成绩，将业绩好的排在前面，业绩差的排在后面。

(二) 交替排序法

为使员工考评操作简单，一般采用交替排序法。其具体做法是：将所有参加评估的人选列出来，分别针对每一个评估因素展开评估，先找出该因素上表现最好的员工，将其排在第一个位置上；然后找出在该因素上表现最差的员工，将其排在最后一个位置上；再找出次好的员工，排在第二个位置上；接着找出次差的员工，放在倒数第二个位置上……依次类推，直到所有员工都排到了合适的位置上。

(三) 配对比较法

配对比较法是将员工的绩效进行两两比较，最后得出员工的绩效排序。其具体做法是：在每个比较因素中，将要比较的员工在一张表格的行和列中分别列示；然后两两比较每对员工在这些因素上的绩效，并用"+"表示"好"，用"-"表示"差"；最后计算每个员工的"+"的个数，总数最多的绩效最好。

配对比较法与交替排序法相比,结果更准确一些。但是,这种方法只适用于人数较少的情况,而且只能确定员工绩效的名次,不能确定绩效的差距。配对比较法考核表示例见表6-3。

表6-3 配对比较法考核表示例

就"工作质量"因素所做的考核						就"创造性"因素所做的考核					
被考核员工姓名						被考核员工姓名					
比较对象	甲	乙	丙	丁	戊	比较对象	甲	乙	丙	丁	戊
甲		+	+	-	-	甲		-	-	-	-
乙	-		-	-	-	乙	+		-	+	+
丙	-	+		+	-	丙	+	+		-	+
丁	+	+	-		+	丁	+	-	+		-
戊	+	+	+	+		戊	+	-	-	+	
合计	2	4	2	2	1	合计	4	1	1	2	2

(四)强制分布法

强制分布法要将考核结果分配到预先确定的标准中去,如有的企业会强制规定"优秀""一般""较差"员工的比例,考核的结果必须符合这些比例。一般来说,考核成绩会服从正态分布,即优秀的和较差的占少数,多数的绩效都是一般。

强制设定考核结果分布比例有利于管理控制,特别是在引入员工淘汰机制的企业中,能筛选出淘汰的对象,具有激励和鞭策员工的作用。但是,在员工都十分优秀的情况下,这种方法存在很大的弊端,因为总会有员工被强制划分在绩效不好的比例中,从而让员工质疑考核的公平性。

(五)工作记录法

工作记录法也可称为生产记录法或劳动定额法,一般用于生产工人操作性工作的考核。在企业中,一般对生产性工作有明确的技术规范并下达劳动定额,工作结果有客观的标准衡量,因而可以用工作记录法进行考核。

工作记录法一般先设置考核指标,考核指标通常为产品数量和质量、时间进度、原材料消耗、工时利用状况等,然后制定生产记录考核表,由班组长每天在班后按员工的实际情况填写,经每个员工核对无误后确认签字,交基层统计人员按月统计,作为每月考核的主要依据。工作记录法考核表示例见表6-4。

表6-4 员工工作记录考核表示例

姓　名	合格品数量	残次品数量	废品数量	实际工时数	出勤情况	备　注	个人签字

续表

姓 名	合格品数量	残次品数量	废品数量	实际工时数	出勤情况	备 注	个人签字

（六）目标管理法

目标管理法作为目前较为流行的考核方法，是一种综合性的员工考核办法。目标管理法是由著名管理学家彼得·德鲁克在《管理实践》一书中提出的。衡量一个员工是否合格，关键要看他对于企业目标的贡献程度。

目标管理法并不仅仅是指领导者制定一个目标然后要求下级去完成，其特点在于，它是一种领导者与下属之间的双向互动过程。在进行目标制定时，上级和下属依据自己的经验和手中的资料，各自确定一个目标，之后双方进行协商沟通，找出两者之间的差距及差距产生的原因；然后重新确定目标，再次进行协商沟通，直至取得一致意见。在实施目标管理法时，每个员工都被赋予若干具体的指标，这些指标是其工作成功开展的关键目标，其完成情况可以作为员工考核的依据。

（七）量表法

量表法是根据各种客观标准确定不同形式的考核尺度进行考核的一种考核方法。其具体做法是：将一定的分数或比重分配到各个考核评价指标上，使每项考核指标都有一个权重，然后由考核者根据考核对象在各个评价指标上的表现情况，根据标度的规定为考核对象确定一个恰当的标志，对考核对象进行考核、打分，最后汇总计算出总分，作为考核对象的考核结果。量表法考核表示例见表6-5。

表6-5 量表法考核表示例

考核项目	分级计分					得 分
	10	15	20	25	30	
工作质量	很差	差	一般	好	很好	
工作数量	完成任务极差	完成任务较差	完成任务	超额完成	超额完成一倍	
工作知识	缺乏	不足	一般	较好	很好	
工作协助	差	较差	一般	较好	很好	
总 分						

量表法的优点：使用量表法进行考核时的考核标准是客观的职务职能标准，考核结果更为客观准确，并可以在不同员工之间进行横向比较。因此，使用量表法得出的考核结果能够方便地运用于各类人事决策，如人员晋升、薪酬等。

量表法的缺点：量表的设计要耗费大量的时间和劳动，需要专家协助；考核指标往往过于烦琐，且解释不一致，容易出现主观误差；大多只限于对过去行为业绩的考核，不适合对将来做出推断和预见。

（八）360°考核法

360°考核法是一种从多维度进行的比较全面的绩效考核方法，也称为全方位考核法或全面评价法。这种方法是选取与被考核者联系紧密的人来担任考核人员，包括上级、同事、下级和被考核人自身，用量化考核表对被考核者进行考核，采用五分制记录考核结果，最后用坐标图来表示，以供考核分析。

四、员工考评结果反馈

员工考评结果只有被员工理解和认同，才能促进员工提高工作业绩，为此必须进行考评结果的沟通。其中，考评反馈是关键环节，需要掌握相应的方法和技术。

对考核的结果，应当通过谈话的方式向每一个被考核的员工进行反馈。在考核面谈过程中，要解决好"建立和谐的面谈关系"和"提供信息和接受信息"这两个方面的问题。

（一）建立和谐的面谈关系

为了搞好绩效考核面谈，要注意以下几个方面，以便建立和谐的面谈关系。

（1）在绩效考核沟通的开始阶段，致力于营造宽松的气氛，要确认考核面谈对象的情绪已经放松，并愿意进行交流。

（2）适当把握考核谈话的节奏，如果谈话语速过快，应该使谈话语速慢下来。

（3）对考核面谈对象所讲的话做出反应，通过这种反应来显示谈话主持者在聆听。

（4）谈话主持者在恰当的时机，讲述自己的一些经验或兴趣。

（5）观察被考核者的表情，听其言谈，确认其对谈话的反应。

（二）提供信息和接受信息

考核面谈的核心问题在于，向被考核者提供信息和从被考核者处接受信息，其实质是面谈双方互相对工作本身的信息和有关考核工作的信息进行反馈。在反馈考核结果信息时，面谈主持者应仔细聆听被考核者的陈述，避免解释和辩解的问题，留给被考核者适当的思考时间，并对被考核者提供的信息表示感谢。例如，某公司员工考核面谈表见表6-6。

表6-6 某公司员工考核面谈表

部　门		职　位		姓　名	
考核时间					
工作成功的方面？					
工作中有哪些需要改善的地方？					
是否需要接受一定的培训？					
本人认为自己的工作在本部门和全公司中处于什么状况？					
本人认为本部门工作最好、最差的分别是谁？全公司呢？					
对考核有什么意见？					
希望从公司得到什么帮助？					

下一步的工作和绩效的改进方向是什么？			
面谈人签名		日　期	
备　注			

案例阅读

某公司人力资源部制定处理绩效问题的全新办法：非惩罚性处分，其核心思想是倡导责任和尊重处分，认为每个员工都是成熟、负责、可信任的成年人。如果企业像成年人那样对待他们，他们就会表现得像个成年人。

这种新的绩效改善方法强调不使用惩罚，取消了警告、训斥、无薪停职等手段，着眼于要求个人承担责任和决策。最后，公司管理层还进行了非常大胆且令人吃惊的改革——取消传统的最后处分步骤——无薪解雇，代之以大胆的新方法——带薪停职处分。新绩效改善方法的最后处分是通知员工第二天将被停职，他必须在停职日结束时做出决定，要么解决当前问题并完全承诺在各方面工作中达到令人满意的表现，要么就另谋高就。公司负担那天的工资，以表示希望看到员工改正并留下来的诚意。但是，如果员工再次犯错，就会遭到解雇。何去何从，主动权完全掌握在员工自己手里，具体实施步骤如图6.2所示。

图6.2　某公司员工绩效改善实施流程

非惩罚性处分法先从非正式会谈开始。如果这些会谈未能产生结果，就会采取进一步的处分措施。

当非正式会谈过程和绩效改进讨论不能成功地解决员工的绩效或行为问题时，主管所采取的第一级正式处分措施是"首次提醒"，也就是讨论员工存在的问题，提醒员工注意自己有责任达到组织的标准，并争取员工同意重返令人满意的表现。

如果问题继续存在，主管就会给予"二次提醒"。主管将再次跟员工会谈，争取他同意解决问题。会谈后，主管将讨论内容正式编写成备忘录，交给该员工。"提醒"一词不同于"警告"或"训斥"，而是提醒员工注意两个问题：其一，提醒他注意现在绩效和期望绩效之间的具体差距；其二，提醒他注意，他有责任拿出合格的表现，做好他该做的工作。

如果正式处分措施的初始步骤不能成功地说服员工解决绩效问题，就需要果断采取行动——带薪停职。

有权威性的最后步骤是在离职那天做决定。

通过这种新的绩效改善方法，该公司紧张的气氛得到了缓解，员工消极怠工等现象得到了遏制。

第三节 企业员工薪酬

企业要想在市场竞争中获得竞争优势，就必须为员工提供合理的薪酬。因为能够制定出具有竞争力的薪酬制度，对于吸引、维系和激励优秀人才为企业服务，提高员工的工作满意度和对企业的归属感，促使员工完成企业的目标等，都是至关重要的。

> **特别关注**
>
> 劳动报酬以薪酬为基本形式，薪酬不仅直接影响员工的工作积极性，而且直接关系企业利益共同体的形成。因此，在企业人事行政管理中，薪酬管理是一项核心工作；而其他人事工作，作为劳动交易的不同环节，最终都与薪酬分配有关，不仅为薪酬服务，而且围绕着薪酬展开。

一、薪酬的含义与功能

（一）薪酬的含义

薪酬是员工因向所在的企业提供劳务而获得的各种形式的酬劳。狭义的薪酬是指货币和可以转化为货币的报酬；广义的薪酬除了包括狭义的薪酬以外，还包括获得的各种非货币形式的满足。

同其他报酬或收入相比，薪酬具有以下特征：

（1）薪酬是员工合法的劳动收入，国家法律法规、集体合同、劳动合同等是薪酬决定和薪酬分配的法律依据。

（2）薪酬是企业对员工提供劳动义务的物质补偿形式。

（3）薪酬是员工基于劳动贡献（包括直接的和间接的）所得的全部劳动报酬。

（二）薪酬的功能

1. 补偿功能

薪酬作为员工付出劳动或劳务的报酬，表现为一种交换关系，是对员工劳动付出的补偿。作为劳动者，员工以获得的薪酬维持自身和家庭的生计、进行必要的训练和提高、改善劳动的质量和效能，从而使得劳动力的生产、再生产得以继续和绵延不断。没有薪酬，社会劳动力的维持和繁衍是不可想象的。

2. 激励功能

作为评价员工劳动绩效的重要手段，薪酬在确保劳动者劳动的数量和质量、激发并保持其生产积极性方面具有不可替代的重要作用。从人力资源管理的角度考察，激励功能是薪酬的核心。

3. 调节功能

薪酬与其他管理相结合，能够引导人力资源的合理配置和优化。由于薪酬水平的变动、薪酬关系的调整能够非常灵敏、及时地起到"杠杆"作用，所以使得企业的管理意图和员工行为能够协调一致，最大限度地调节员工与企业发展目标的协同与合作。

4. 凝聚功能

通过制定公平合理的薪酬，可以激发员工的积极性，增强组织的凝聚力和吸引力，促使职工与企业同甘共苦、利益与共，形成企业目标、职工价值追求同向的"利益共同体"。

二、薪酬的构成

薪酬主要包括基本薪酬、可变薪酬、福利薪酬，如图6.3所示。

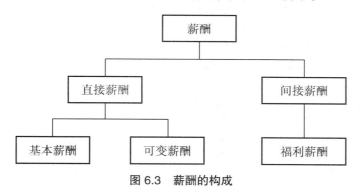

图6.3　薪酬的构成

（一）直接薪酬

1. 基本薪酬

基本薪酬也称为标准薪酬或基础薪酬，它是一家企业根据员工所承担或完成的工作任务，或者员工所具备完成工作的技能或能力而向员工支付的稳定性报酬。

在大多数情况下，企业是以员工所承担工作本身的重要性、复杂程度、责任和劳动强度为基准，按照员工实际完成的劳动定额、工作时间和劳动消耗而计付的劳动报酬。由于基本薪酬是根据员工的工作性质支付的基本现金报酬，所以它只反映工作本身的价值，而不反映员工因经验或工作态度而引起的对企业贡献的差异。

基本薪酬具有以下特点：

（1）常规性。基本薪酬是劳动者在法定工作时间和正常条件下所完成的定额劳动的报酬。

（2）固定性。员工的基本薪酬数额以企业所确定的基本薪酬等级标准为依据，等级标准在一定时期内相对稳定，数额也相对固定。

（3）基准性。基准性包括两层含义：其一，基本薪酬是其他薪酬形式的计算基准，其他薪酬形式的数额、比例及变动均以基本薪酬为基准，基本薪酬有总体薪酬的"平台"支撑；其二，为保证员工的基本生活需要，政府对员工基本薪酬的下限做强制性规定，推行最低工资保障制度。对于不能保证获得其他薪酬的员工，其基本薪酬的数额不能低于法定的最低工资标准。基本薪酬通常由基础工资、工龄工资、职位工资、职能工资中的一种或几种构成。一般情况下，企业使用较多的基本薪酬制度是职位工资制、职能工资制和薪点工资制，或者将这几种基本工资的组成部分进行组合而成的复合工资制。

2. 可变薪酬

可变薪酬也称为浮动薪酬或奖金，是薪酬体系中与绩效直接挂钩的部分。实行可变薪酬的目的是在薪酬与绩效之间建立起一种直接的关系，这种绩效既可以是员工个人的绩效，也可以是企业中某一个业务单位、员工群体、团队甚至整个企业的业绩。由于绩效和薪酬之间建立起了这种直接的联系，可变薪酬对员工起到了很好的激励作用，对企业绩效目标的实现也具有积极的作用，所以也有人将其称为激励薪酬。

可变薪酬具有以下特点：

（1）补充性。基本薪酬具有相对稳定和固定的特点，不能及时反映员工实际工作绩效和企业需要的变化，而可变薪酬可以作为其补充形式。

（2）激励性。可变薪酬在企业目标的指导下，通过支付方式、支付标准、支付时间的变化，将员工利益和企业的发展联系在一起，进而起到激励员工实现企业目标的作用。

在通常情况下，根据可变薪酬支付的时限，可以把可变薪酬分为短期和长期两种。短期可变薪酬一般建立在非常具体的绩效目标基础之上，其主要表现形式是奖金。奖金是企业对员工超额劳动或突出绩效以货币的方式支付的奖励性报酬。长期可变薪酬的目的在于鼓励员工努力实现跨年度或多年度的绩效目标。事实上，许多企业的高层管理人员和一些核心的专业技术人员所获得的与企业长期目标（如投资收益、市场份额、净资产收益等）的实现挂钩的红利等，都属于长期可变薪酬的范畴。与短期奖励相比，长期奖励能够将员工的薪酬与企业长期目标的实现联系在一起，并且能够对企业的文化建设起到强大的支撑作用。

（二）间接薪酬

间接薪酬也称为福利薪酬，是薪酬结构中不可或缺的组成部分。福利薪酬主要是指企业为员工提供的各种物质补偿和服务形式，包括法定福利和企业提供的各种补充福利。从支付形式来看，传统的员工福利以非货币的形式支付，但随着企业部分福利管理职能的社会化，一些福利也以货币形式支付，即货币化福利。

与基本薪酬和可变薪酬不同的是，员工福利不是以员工为企业工作的时间为计算单位的，一般包括非工作时间付薪、向员工个人及其家庭提供的服务（如儿童看护、家庭理财咨询、工作期间的餐饮服务等）、健康及医疗保健、人寿保险、法定养老金等。

案例阅读

以贝尔实验室为依托的某公司是一家国际知名的通信技术公司，一直致力发展互联网基础设施、通信软件、半导体和光电子设备等。富有特色的薪酬体系是该公司成功的重要基石。

该公司的薪酬结构由两部分构成，如图6.4所示。

保障性薪酬主要和员工的岗位相关联。业绩薪酬则和员工的工作成效紧密挂钩，也是该公司薪酬的主体。

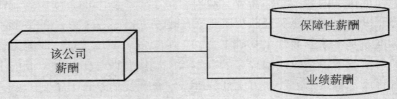

图6.4 该公司的薪酬结构

在该公司，非常特别的一点是，中国大区所有员工的薪酬都与该公司全球业绩有关，这是该公司在全球执行企业行为文化的一种体现。该公司为此设立了一个专项奖——全球业绩奖。该公司销售人员的待遇中有一部分专门属于销售业绩的奖金，业务部门根据个人的销售业绩，每一季度发放一次。

该公司的薪酬结构中浮动的部分根据不同岗位会有所不一样，浮动部分的考核绝大部分和一些硬指标联系在一起。该公司在加薪时做到对员工尽可能透明，让每个人知道他加薪的原因。加薪时，员工的主管会找员工谈话，说明其根据今年的业绩可以加多少薪酬。每年的12月1日是加薪日，公司加薪的总体方案出台后，人力总监会和各地负责薪酬管理的经理进行交流，告诉员工当年薪酬的总体情况、市场调查的结果是什么、今年的变化是什么、加薪的时间进度是什么。该公司每年加薪的最主要目的是：保证公司在人才市场增加一些竞争力。

　　该公司在执行薪酬制度时，不是看公司内部的情况，而是将薪酬放到一个系统中考察。该公司的薪酬政策有两个大考虑，一方面是保持自己的薪酬在市场上有很大的竞争力。为此，该公司每年委托一个专业的薪酬调查公司进行市场调查，以此来了解人才市场的宏观情形。这是大公司在制定薪酬标准时的通常做法。另一方面是人力成本因素。综合这些考虑之后，人力资源部会根据市场情况给公司提出一个薪酬的原则性建议，指导所有的劳资工作。人力资源部将各种调查汇总后会告诉业务部门总体的市场情况，在这个情况下每个部门有一个预算，主管在预算允许的情况下对员工的待遇做出调整决定。人力资源部必须对公司在6个月内的业务发展需要的人力情况非常了解。

三、企业的薪酬制度

（一）岗位工资制

　　岗位工资制是指以岗位劳动责任、劳动强度、劳动条件等评价要素确定的岗位系数为支付工资报酬的根据，工资多少以岗位为依据，岗位成为发放工资的唯一或主要标准的一种工资制度。

　　岗位工资制的特点是对岗不对人，它有多种形式，如岗位薪点工资制、岗位等级工资制等。无论哪一种岗位工资制，岗位工资的比重都应占到整个工资收入的60％以上。实行岗位工资制，要进行科学的岗位分类和岗位劳动测评。岗位工资标准和工资差距的确定，要在岗位测评的基础上，引进市场机制参照劳动力市场中的劳动力价格进行合理确定。

（二）能力工资制

　　能力工资制是指按照员工自身所具备的工作能力来确定工资等级，并按照确定的等级工资标准计付劳动报酬的一种制度。这种制度适用于技术复杂程度较高、员工劳动差别较大、分工较粗及工作物等级不固定的工种，主要作用是区分不同工作之间和相同工作内部的劳动差别和工资差别。

　　能力工资制的特点是，员工的薪酬主要根据其所具备的工作能力和发展潜力来确定，能力不同，技术等级不同，工资也就不同。员工如果通过学习和培训来提高技能，那么工资将相应提高。例如，职能工资、能力资格工资和技术等级工资等均属于能力工资制范畴。

（三）绩效工资制

　　绩效工资是指根据员工的工作成绩而支付的工资，工资支付的主要根据是工作成绩和劳动绩效。绩效工资制是典型的以成果论英雄，以实际的最终劳动成果确定员工薪酬的工资制度，如基于考核结果确定工资高低就属于这种形式。

　　绩效工资制的特点是，员工的薪酬主要根据其近期的工作绩效加以确定，薪酬水平随员工的工作绩效不同而发生变化。处于同一岗位、职务或者技能等级的员工，并不一定能拿到相同数额的劳动报酬。例如，计件工资、销售提成工资、效益工资、佣金制等就属于绩效工资范畴。

（四）组合工资制

组合工资制就是将薪酬分解为几个部分，每个组成部分分别依据不同的因素，如绩效、技术和培训水平、职务、岗位、年龄和工龄等，来确定薪酬的等级。

组合工资制的特点是，它能够将员工在各个方面的情况都与其获得的薪酬相对应。员工在某一因素上较其他员工所具有的优势，会通过其薪酬反映出来，从而能够强化激励作用。例如，岗位技能工资制、薪点工资制、岗位效益工资制，以及目前我国公务员实行的职级工资制等，都属于组合工资制范畴。

四、薪酬设计的原则

薪酬设计的目的是建立科学合理的薪酬制度，需要坚持和贯彻以下原则。

（一）公平原则

公平原则包括内在公平，即员工对企业的薪酬制度能认可、接受；还包括外在公平，在市场同类企业比较中，本企业提供的薪酬是有竞争力和公平的，从而保证企业能够吸引并留住优秀员工。

（二）竞争原则

竞争原则即企业参照市场行情，使本企业的薪酬特别是一些关键岗位和核心员工的薪酬，应不低于市场同类企业，以吸引并留住优秀人才。

（三）经济原则

经济原则即进行人力成本核算，要用有竞争力的薪酬吸引和留住人才，必须密切结合企业实际，把人力成本控制在合理的范围之内。

（四）激励原则

激励原则体现了多劳多得，把贡献、绩效与员工薪酬切实挂起钩来，奖勤罚懒，奖勤惩怠。

（五）合法原则

合法原则即遵守国家法律法规和有关薪酬方面的政策，尤其是国家有关薪酬方面的强制性规定，如最低工资规定、职工加班加点工资的规定等。这不仅是企业作为一个市场经济实体参与市场竞争的起码要求，而且是企业维护自身形象、争取长远发展的基本条件。

五、企业工资制度设计

工资是薪酬的主要构成内容，从某种意义上说，薪酬设计也就是工资制度的设计。企业工资制度设计一般经过以下几个步骤。

（一）薪酬调查

薪酬制度设计必须兼顾内在公平和外在公平两个方面。企业可以委托社会有关组织开展薪酬调查，以掌握本地区、本行业薪酬水平状况，特别是竞争对手的薪酬状况，作为制定本企业薪酬的参考。要避免企业薪酬水平、薪酬结构与市场的脱节，保持企业薪酬在劳动力市场中具有竞争力。

（二）工作评价

工作评价也称为职位评价，即采用一定的方法和技术对企业各个岗位和工作之间的相互关系进行分析和比较，以便科学准确地评估每项工作在企业整体中的相对价值。工作评价是科学合理确定每项工作工资标准的基本依据，也是整个薪酬设计的核心环节。

为科学合理地解决企业内部工作岗位的层次差异和等级排列问题，进而合理支付相应的劳动报酬，就需要确定不同岗位的相对价值，使之成为企业决定和支付薪酬的基础，这就是工作评价所要完成的任务。

工作评价的作用在于：一是科学评定岗位价值，为岗位薪酬的确定奠定基础；二是推动薪酬设计技术化、制度化、规范化；三是协调岗位之间的关系，体现同工同酬原则。

（三）工作定价

工作定价即用货币来表示一项工作的价值，通常在工作评价之后进行。与工作评价确定工作的相对价值不同，工作定价是确定工作的绝对价值。

1. 确定工资等级

确定工资等级是指为简化工作定价过程而对相似工作进行分类，通常做法是按工作评价的点值分成若干工资等级，将某一范围点值的工作组成一个工资等级。一般来说，一家企业中设计安排 10～15 个工资等级就已经够用。

2. 确定工资幅度

确定工资幅度是指在工资等级确定之后，确定每个工资等级在薪资结构中的幅度，具体指采用单一工资率或是采用弹性工资率。单一工资率简单易行，但比较呆板；弹性工资率是指在同一薪级中设最高工资与最低工资，使从事相同工作的员工获得的工资有差异。最高工资与最低工资的差额就是工资幅度，也叫薪幅。采用薪幅制便于体现从事同一工作的员工在年资、表现等方面的差别。

（四）工资制度

工资支付的基本原则是按劳分配。按不同的劳动形式支付工资，便形成了不同的工资制度，主要有前面介绍的 4 种类型：岗位工资制、能力工资制、绩效工资制和组合工资制。

> **知识拓展**
>
> **宝洁公司的校园招聘**
>
> 提到校园招聘，许多人都会想到宝洁公司，因为宝洁公司的校园招聘已经成为一个知名品牌，在理念、程序、方法和人员配置方面已经形成一套独特的系统，值得其他企业学习和借鉴。
>
> 1. 前期的广告宣传
>
> 宝洁公司前期的广告宣传手段主要是派送招聘手册。招聘手册基本覆盖所有的应届毕业生，以达到吸引应届毕业生参加其校园招聘会的目的。

2. 邀请大学生参加其校园招聘会

宝洁公司的校园招聘会的程序一般为：校领导讲话→播放招聘专题片→宝洁公司招聘负责人详细介绍公司情况→招聘负责人答学生问→发放宝洁公司招聘会介绍材料。

3. 网上申请

毕业生通过访问宝洁公司中国的网站，填写自传式申请表及回答相关问题。这实际上是宝洁公司的一次筛选考试。

因为每年参加宝洁公司应聘的学生很多，一般一所学校就有1000多人申请，宝洁公司不可能直接去和上千名应聘者面谈，而借助于自传式申请表可以帮助其完成高质高效的招聘工作。自传式申请表由计算机进行自动筛选，一天可以检查上千份申请表。

4. 笔试

笔试主要包括3个部分：解难能力测试、英文测试、专业技能测试。

（1）解难能力测试。这是宝洁公司对人才素质考察的最基本的一关。

（2）英文测试。这个测试主要用于考核母语不是英语的人的英文能力。

（3）专业技能测试。专业技能测试并不是申请任何部门的申请者都需通过的测试，它主要是针对研究开发部、信息技术部和财务部等技术部门。对于申请公司其他部门的学生，则无须进行该项测试，如市场部、人力资源部等。

5. 面试

宝洁公司的面试分两轮。第一轮为初试，一位面试经理对一个求职者面试，一般都用中文进行，面试时间在30~45min。

通过第一轮面试的学生，宝洁公司将出资请应聘学生来广州宝洁中国公司总部参加第二轮面试，也是最后一轮面试。为了表示宝洁公司对应聘学生的诚意，除免费提供往返机票外，面试全过程在广州最好的酒店或宝洁中国总部进行。第二轮面试大约需要60min，面试官至少是3人，为确保招聘到的人才真正是用人单位（部门）所需要和经过亲自审核的，复试都是由各部门高层经理来亲自面试。如果面试官是外方经理，宝洁公司还会提供翻译。

6. 注意事项

通常，宝洁公司在校园的招聘时间持续2周左右，而从应聘者参加校园招聘会到最后被通知录用大约有1个月。

如何制作求职简历

简历是求职者的敲门砖，简历制作得好坏直接影响到求职是否能够成功。那么，该如何写好自己的求职简历，走出确保求职成功的第一步呢？其实，简历不一定非要追求与众不同，只要能注意以下几个方面，就能够写出一份令人满意的简历来。

1. 语言要言简意赅

有许多求职者觉得简历越长越好，以为这样易于引起注意，其实适得其反，它淡化了阅读者对主要内容的印象。冗长的简历不但让人觉得是在浪费他的时间，还能得出求职者做事不干练的结论。

2. 内容应重点突出

由于时间的关系，招聘人员可能只会花短短几秒钟的时间来审阅你的简历，所以简历一定要重点突出。一般来说，对于不同的企业、不同的职位、不同的要求，求职者应当事先进行必要的分析，有针对性地设计准备简历。

3. 要传递有效信息

在写简历的过程中，作为一名求职者，应该向用人单位传递一些有效的信息，这些信息包括明确自己的奋斗目标、体现自己的工作意愿很强烈、有团队协作精神、掌握诚恳原则。

4. 词语使用要准确

许多负责招聘的工作人员都说他们最讨厌错别字,他们说:"当我发现错别字时我就会停止阅读。"因为他们认为错别字说明人的素质不够高,所以最好不要使用拗口的语句和生僻的字词,更不要有病句、错别字。

5. 要突出自己的技能

列出所有与求职有关的技能。你将有机会展现你的学历和工作经历以外的天赋和才华。回顾以往取得的成绩,对自己从中获得的体会与经验加以总结、归纳。你的选择标准只有一个,即这一项能否给你的求职带来帮助。

6. 适当引用专业术语

引用应聘职位所需的主要技能和经验术语,使简历突出重点。例如,你要应聘办公室人员,招聘单位就会要求你熟悉文字处理系统。总之,招聘广告会对不同的职位有相应的具体素质和技能要求。

7. 避免不利因素

在简历中要写对你有利的。如果以前有过什么重大错误等,没有必要在简历中体现出来。但如果以前真有这样的记录,建议不要去找那些跟你记录有关的工作。

8. 简历的内容要完善

一份完整的简历应该包括毕业生基本情况、学业成绩与知识结构、科研成果、社会工作与实践活动、获奖情况等内容。既可用表格形式来反映,也可用叙述形式来表现。

通用电气(中国)公司的考核秘籍

通用公司的管理之道一直被人们奉为管理学的经典之作,而其考核制度则是其管理典籍中的重要篇章,从通用电气(中国)公司的考核制度可以发现通用公司考核秘籍的重点所在。

通用电气(中国)公司的考核内容包括"专"和"红"两部分:"专"是工作业绩,指其硬性考核部分;"红"是考核软性的东西,主要是考核价值观。这两个方面综合的结果就是考核的最终结果,可以用二维坐标来表示,如图6.5所示。

通用电气(中国)公司员工的综合考核结果在二维坐标中不同区域时的处理如下:

(1)当员工的综合考核结果是在第四区域时,即价值观和工作业绩都不好时,处理非常简单,这种员工只能离开。

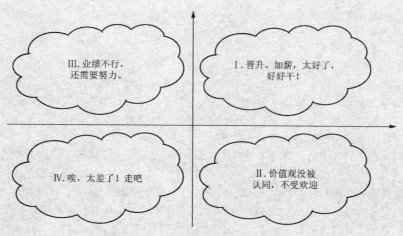

图6.5 通用电气(中国)公司的二维考核图

(2)综合考核结果在第三区域,即业绩一般但价值观考核良好时,公司会保护员工,给员工第二次机会,包括换岗、培训等,根据考核结果制订一个提高完善的计划,在3个月后再根据提高计划考核一次，在这3个月内员工必须提高完善自己、达到目标计划的要求。如果3个月后的考核不合格，员工必须走人。当然这种情况比较少，因为人力资源部在招聘时已经对员工做过测评，对员工有相当的把握与了解，能够加入通用公司的都是比较优秀的。

（3）如果员工的综合考核结果是在第二区域时，即业绩好但价值观考核一般时，员工不再受到公司的保护，公司会请他走。

（4）如果员工的综合考核结果是在第一区域，即业绩考核与价值观考核都优秀，那他（她）就是公司的优秀员工，将会有晋升、加薪等发展的机会。

考核采用全年考核与年终考核结合，贯穿在工作的全年，对员工的表现给予及时的反馈，在员工表现好时及时给予表扬肯定。员工表现不好时，公司应及时与其沟通。

薪酬管理的"格雷欣法则"

无论何类企业，均可能被高素质员工流失所困扰。一些国企在此方面的情形尤为引人注目，一方面，低素质员工对其强烈依恋；另一方面，高素质员工纷纷另谋高就，企业外高素质人力资源对其吸纳的意愿消极以对。对上述现象，可以从"格雷欣法则"中获得解释。

1. 薪酬管理"格雷欣法则"释义

英国经济学家格雷欣发现了一个有趣现象，两种实际价值不同而名义价值相同的货币同时流通时，实际价值较高的货币，即"良币"，必然退出流通——它们被收藏、熔化或被输出国外；实际价值较低的货币，即"劣币"，则充斥市场。人们既称之为"格雷欣法则"，又称之为"劣币驱逐良币规律"。

所有企业在薪酬或人力资源管理方面均可能发生与格雷欣所见类似的情形，实际生活中的例子也屡见不鲜：由于企业在薪酬管理方面没有充分体现"优质优价"原则，高素质员工的绝对量尤其是相对量下降——这一方面表现为对自己薪酬心怀不满的高素质员工另谋高就；另一方面也表现为企业外高素质人力资源对企业吸纳愿望消极回应。这一般会导致企业低素质员工绝对量尤其是相对量上升——考虑到一定量高素质员工留下的工作岗位需有更多低素质员工填补时尤其如此。这还只是薪酬管理"格雷欣法则"启动伊始情形。由于企业效益下滑有时是员工素质下降的必然结果，这可能使企业在薪酬开支方面捉襟见肘，从而导致员工普遍薪酬水平下降。它可能导致员工薪酬水平下降与企业效益下滑的恶性循环。现今部分国企就面临这样的尴尬处境。当然，不能将所有高素质员工流失均归结为"格雷欣法则"惹的祸。有时，高素质员工流失是由于用非所学；有时则是由于个人的文化取向与企业主流文化存在难以弥合的差异等。但确有相当一部分高素质员工流失，是由于薪酬或人力资源管理"格雷欣法则"的作用。

2. "格雷欣法则"的具体表现

较之货币流通中劣币对良币的驱逐，薪酬管理"格雷欣法则"要复杂得多。这主要是因为，格雷欣生活在金属货币时代。此时，尽管货币的实际价值千差万别，但其名义价值却是同一的。在薪酬上，一方面，人力资源本身千差万别；另一方面薪酬更为多种多样。因而，企业在员工薪酬管理方面的"格雷欣法则"有诸多具体表现。

（1）在同一企业，由于旧人事与薪酬制度惯性等，一些低素质员工薪酬超出高素质员工，从而导致低素质员工对高素质员工的"驱逐"。国企在此方面尤其如此。一家经济效益颇佳的国有上市公司曾叙述发生在该公司的难解之"结"：该公司年人均薪酬为42000元左右，一般员工尤其是一线员工薪酬水平远超出本行业同类企业，但核心员工尤其是少数关键岗位员工薪酬却较多低于市场水平。该公司欲引进若干素质较高的计算机专业毕业生，按现行薪酬制度，每月薪酬只能略超出3000元，但市场水平却在5000元左右。因此，尽管公司对高素质计算机专业毕业生有强烈需求，却总未能如愿。在为一些民企做薪酬设计咨询时发现，几乎每一民企均在不同程度上存在着低素质员工薪酬超出高素质员工的状况，因而高素质员工被低素质员工所"驱逐"。其差别主要在于，在一些国企，低素质员工对高素质员工的"驱逐"甚至具有系统性；而在民企，这只是薪酬管理的"例外"。

（2）在同一企业，由于旧人事与薪酬制度惯性等，一些低素质员工与高素质员工薪酬大体相当，从而导致低素质员工对高素质员工的"驱逐"。此种情形可看作上述第一种情形的特例。

（3）在同一企业，由于旧的人事与薪酬制度惯性等，虽然高素质员工薪酬超出低素质员工，但与员工对企业的相对价值不成比例。现阶段，这是低素质员工对高素质员工"驱逐"的一般情形。设在某企业有Q与P两位员工，前者是高素质员工，后者为低素质员工，假设员工P对企业的相对工作价值为1，则员工Q对企业的相对工作价值为3，但员工Q的薪酬只有员工P的1.5倍。这里权威的参照系是市场薪酬水平，当人们说高素质员工薪酬水平较低时，其实主要不是其与低素质员工薪酬水平的比较，而是其与市场薪酬水平的比较。抽象地说，当人们做企业两类员工——低素质与高素质员工——薪酬比较时，联系市场薪酬水平，存在着两种情况：其一，尽管较之低素质员工，高素质员工对企业的相对价值在薪酬上未得到充分体现，但其薪酬与市场水平相当。国有电信、银行、电力等行业，因其具有垄断性质，就在一定程度上如此。高校作为计划经济体制的最后避难所，也在很大程度上如此。此种情形在竞争性行业极为少见。其二，低素质员工的薪酬超出市场水平，高素质员工薪酬低于市场水平。本文侧重分析的即为此类情形。本文不准备分析另一种可能的情形：一些企业无论低素质还是高素质员工，薪酬均低于市场水平。在作者看来，企业应当努力避免的即为此类情形。

3．"格雷欣法则"的凸显原因

在民企，主要是几方面因素的"叠加"：其一，有些企业对高素质员工对企业生存与发展的重要价值缺乏贴近实际的认识，尽管在抽象层次上，他们似乎对此有相当清醒的认识；其二，有些企业对高素质员工的市场价值缺乏符合实际的了解，它们一般不会从吸纳、滞留高素质员工的角度，以科学方法做薪酬调查；其三，有些企业对高素质员工的吸纳与滞留缺乏明智的策略，它们不愿以相对较高的薪酬启动员工素质提升与薪酬水平提高的良性循环，总是希望高素质员工吸纳在先、高水平薪酬形成在后，在操作中，实际上是以较低的薪酬去应对高素质员工；其四，有些企业持有的是与家族式经营相匹配的素质观，它们将与核心领导层的亲疏作为素质高低的重要构件；等等。在国企，薪酬管理"格雷欣法则"凸显也有诸方面因素的"叠加"：其一，权利与义务非均衡的人事制度。它可以看作是国企旧人事制度与市场经济结合产生的"怪胎"。其基本表现是，国企对员工尤其是非合同制的固定员工，有为他们提供工作的义务，但却没有给他们终生为国企工作的权利。这为低素质员工以国企为自己终生依靠提供了制度保证；也为高素质员工离开国企另谋高就提供了体制环境。其二，国企员工权利拥有及其运用的失衡。其实，每一国企员工整体只是其所在企业的部分所有者——国企所有者是全体人民，且在全体所有者中，每一具体国企员工在整体上只是其微不足道的部分。但在相当多情况下，他们被理解为全体所有者。每一国企员工在做决策时，一般更多考虑的是他们的局部利益，且不是从可持续发展角度而只考虑局部利益。在改革初始阶段，国企几乎不可遏止地出现收入最大化趋势，就是一重要例证。现实地看，在一般国企中，一般性人力资源为其人力资源主体部分。当薪酬水平、薪酬体系等与切身利益密切相关问题以民主协商机制在企业确定时，核心员工尤其是战略性员工的薪酬低于市场水平，是可预见选择，尽管此选择必然大大损害一般员工的长远利益与根本利益。其三，既往薪酬制度的惯性。改革开放以来，每一国企的薪酬制度均受到较大的冲击，不同等级员工薪酬的差距也已拉大。但无论从政府调节还是从企业具体操作层面看，改革或调节的基本思路仍是计划经济的，人们较多考虑的是企业内不同员工薪酬水平的比较；没有考虑以市场薪酬水平为参照系做薪酬体系的整合。这是造成一些国企低素质员工薪酬超出市场水平、高素质员工薪酬低于市场水平的重要原因之一。

4．"格雷欣法则"的遏制对策

人们一般都认识到，人力资源素质是决定企业核心竞争力的关键性因素。由此并结合本文稍前分析可逻辑地得出以下结论：如果容忍薪酬或人力资源管理"格雷欣法则"继续起作用，那么，在日益激烈的市场竞争中——尤其是在入世后国内也国际化的市场竞争中，中国企业将会极为被动。遏制"格雷欣法则"，第一，须有新的薪酬观。对所有企业来说，均须将员工薪酬的提升看作员工素质提高、企业兴旺发达的重要标志。这是因为，处理得当，薪酬提升可以启动员工素质提升与企业效益提高的良性循环。第二，判定员工薪酬水平高抑或是低要有市场观念。将市场薪酬水平作为员工薪酬水平判定的参照系。第三，将薪酬调查作为企业薪酬管理的不可或缺环节。尤其注重对企业核心员工的薪酬调查。不仅要了解竞争性企业核心员工的薪酬水平，对其他行业核心员工的薪酬水平也应有较为广泛的了解。第四，以核心员工薪酬水平提高先行，为提高企业核心员工素质实施具有战略意义的人力资源管理策略。第五，为核心员工建立薪酬水平无上限的薪酬特区。这在国企，对于冲击旧的人事与薪酬制度惯性，可能最为有效。

能力训练

训练一

任务：制作一份个人简历。

目标：熟悉简历的基本结构和制作简历时应注意的问题。

能力点：文字表达能力、逻辑思维能力、排版和文字处理能力。

实施步骤：

（1）学生以个体为单位独立完成作业。

（2）每位同学结合自己的学习、获奖和社会工作经历制作个人简历。

（3）要求上交电子版及 Word 打印文本各一份。

（4）学生交流简历制作的经验与体会，在班级内进行交流。

（5）评出最佳简历制作奖。

（6）教师小结，每位同学写出实训报告及总结。

训练二

任务：现场面试。

目标：掌握企业员工招聘面试的技巧及方法。

能力点：礼仪、团队合作、沟通技能、分析能力。

实施步骤：

（1）学生5～8人为一个小组，1人任组长。

（2）每小组组成一个企业招聘面试团队，选择恰当的方法进行员工招聘面试。

（3）各小组自行确定企业名称、招聘岗位、选聘方法等。

（4）学生交流招聘面试体会。

（5）教师小结，每位同学写出实训报告及总结。

训练三

任务：考核实训。

目标：进一步加深对企业员工考核工作的认识，强化对具体考核方法的掌握。

能力点：沟通技能、团队合作、问题解决能力。

实施步骤：

（1）学生4～6人为一个小组，1人任组长。

（2）每组组成一个考评团队，选择恰当方法对班委会成员进行考核方案设计。

（3）各小组自行确定考评方法、考评指标等。

（4）学生交流各小组考评方案优缺点。

（5）选出最佳考评方案。
（6）教师小结，每小组写出实训报告及总结。

训练四

任务：通过图书馆查阅文献或者在当地调查了解某家企业的薪酬制度，并对该企业的薪酬制度进行分析，评价其薪酬制度的优缺点。

目标：进一步加深对企业员工薪酬管理工作的认识。

能力点：信息获取能力、沟通技能、团队合作、分析问题能力。

实施步骤：

（1）学生4～6人为一个小组，1人任组长。
（2）每小组组成一个企业薪酬调研团队，选择恰当方式进行企业薪酬调研。
（3）各小组制作PPT，交流各被调研企业的薪酬制度优缺点。
（4）教师小结，每小组写出实训报告及总结。

训练五

一天早上，技术部的小王正专注于自己的工作，人事部的电话匆匆将他叫到小会客室，参与技术人员招聘面试工作。由于事先小王对此事一无所知，所以在面试过程中，他总是在不断翻阅应聘人员的资料，低头专注于阅读简历，然后提出相应的问题，之后又忙于下一名应聘者的情况。就这样，一上午过去了，几名应聘者的面试结束了，小王的任务也完成了。

问题：

（1）是什么原因形成上述面试的过程？
（2）在一次有效的面试中，小王应该怎样做，如何避免这样的事件发生？

训练六

李某是某公司生产部门主管，该部门有20多名员工，其中既有生产人员又有管理人员，该部门的考评方法采用的是排队法，每年对员工考评一次。其具体做法是：根据员工的实际表现打分，每个员工最高分为100分，上级打分占30%，同事打分占70%。在考评时，20多个人互相打分，以此确定员工的位置。李某平时很少与员工就工作中的问题进行交流，只有到了年度奖金分配时，才对所属员工进行打分排序。

问题：

（1）该部门在考评中存在哪些问题？
（2）产生上述问题的原因是什么？

训练七

某电器销售公司销售人员的工资水平普遍低于劳动力市场上同类人员的薪酬水平，最近几个月来，不仅有一些销售人员离开企业，而且人事部门已经有3个月招收不到符合公司要求的销售人员。

问题：

（1）对此情况，你有什么好的建议？
（2）如果准备重新调整该公司薪酬制度，你认为需要做好哪些前期工作？

训练八

某小型公司在创业初期，把降低成本、提高销售额作为公司的总目标。由于业务繁忙，公司没有时间制定一套正式的、完整的绩效考评制度，只是由以前公司老总王某兼任人力资源总监，采取了一些补救措施。例如，他会不定期地对工作业务好的员工提出表扬，并予以物质奖励；也对态度不积极的员工提出批评；一旦员工的销售业绩连续下滑，他会找员工谈心，找缺陷，补不足，鼓励员工积极进取。

这几年公司发展非常迅速，已经由最初的十几个人发展到现在的上百人。随着公司规模不断扩大，管理人员和销售人员增加，问题也出现了。员工的流失率一直居高不下，员工的士气也不高。王某不得不考虑，是否该建立绩效考评的正式制度，以及如何对管理人员考评等问题。

问题：

请对该公司的绩效管理做出分析，为销售人员和管理人员设计一套更有效的绩效考评方案，并说明设计的基本依据。

思考与练习

（1）企业内部招聘和外部招聘各有哪些优缺点？
（2）企业常用的外部招聘渠道有哪些？
（3）企业员工筛选的一般步骤是什么？
（4）什么是员工考核？员工考核的主要内容有哪些？
（5）企业常用的员工考核方法有哪些？各有什么特点？
（6）与员工进行考核结果反馈面谈时要注意哪些问题？
（7）简述企业员工薪酬的构成。
（8）薪酬设计要遵循的基本原则有哪些？
（9）企业员工工资设计的一般步骤是什么？

模块七 企业安全管理

【学习目标】

知识目标	能力目标
（1）了解企业安全管理的含义和原则。 （2）了解企业安全管理的主要内容和范围。 （3）了解企业安全问题的产生原因。 （4）了解企业安全管理的体系和方法。	（1）熟练掌握企业安全管理的原则。 （2）掌握安全管理责任制。 （3）能根据企业实际情况构建基本安全责任体系

【案例引导】

某玩具厂发生特大火灾事故，伤亡100多人，直接经济损失达260多万元。该厂厂房是一栋三层钢筋混凝土建筑。一楼是裁床车间，内用木板和铁栅栏分隔出一个库房。库房内总电闸的保险丝用两根铜丝代替，穿过库房顶部并搭在铁栅栏上的电线没有用套管绝缘，下面堆放了2m高的布料和海绵等易燃物。二楼是手缝和包装车间及办公室，一间厕所改作厨房，内放有两瓶石油液化气。三楼是车衣车间。

该厂实施封闭式管理。厂房内唯一的上下楼梯平台上还堆放杂物。楼下4个门，2个被封死，1个用铁栅栏与厂房隔开，只有1个供职工上下班进出，还要通过一条0.8m宽的通道打卡。全部窗户外都安装了铁栏杆加铁丝网。

起火原因是库房内电线短路时产生的高温熔珠引燃堆在下面的易燃物。起火初期火势不大，有工人试图拧开消防栓和用灭火器灭火，但因不会操作未果。在一楼东南角敞开式货物提升机的烟囱效应作用下，火势迅速蔓延至二楼和三楼。一楼工人全部逃出。正在二楼办公的厂长不组织工人疏散，自顾逃命。二楼和三楼 300 多名工人，在无人指挥的情况下慌乱逃生。由于要下楼梯、拐弯，再经打卡通道才能逃出厂房，路窄人多，浓烟烈火，所以很多人中毒窒息，造成重大伤亡。

讨论：

你认为该玩具厂的安全管理哪里出了问题，才导致这样的悲剧？

> 【知识储备】

第一节　企业安全管理概述

随着社会的不断发展，安全的概念已不是传统的职业伤害或疾病，也并非仅仅存在于企业生产过程之中，其涉及人类生产、生活中的各个领域。

一、企业安全管理的含义

对于企业来说，安全问题不断地为人们所认识的，主要体现在以下 3 个方面：

（1）损失大。大多数安全问题的发生都会造成损失。事故是安全问题主要的表现形式，无论是企业、家庭还是社会，事故所造成的经济损失都会很大，有些甚至是无法弥补的。

（2）影响大。很多事故的发生也曾使一些企业的信誉、经济效益等遭受损失，对企业和社会造成不良影响。特别是重大、特大事故的发生，对家庭、企业甚至国家所造成的负面影响相当大。因事故的发生而造成企业解体等悲剧更是数不胜数。

（3）阴影大。企业安全事故的发生所造成的影响绝非短期内就能消除的，往往会给企业留下长期抹不去的烙印，使企业相关人员心理上的阴影难以拂去。重大、特大事故所造成的动荡更是持久难平。

特别关注

安全事故的发生不仅仅对企业、社会造成损失和影响，更重要的是意味着企业管理水平不佳，意味着企业工作效率及经济效益没有达到最高水平。绝大多数事故的发生都是管理者疏忽、失误或管理系统存在缺陷造成的，而这种疏忽、失误或缺陷的存在则不仅会造成事故及损失，而且会产生其他问题，进而直接或间接影响企业的经济效益。从这个角度来讲，事故是企业管理不佳的一种表现形式，即通过事故的发生，告知人们企业中还存在管理上的缺陷。

控制事故，搞好安全管理，不仅要通过减少事故损失直接提高企业的经济效益，而且要通过提高管理水平间接提高企业的经济效益。在大多数情况下，后者比前者的影响和作用更大，更有意义。只有企业管理者深刻地认识到这一点，安全管理水平才有可能提高。安全管理是企业兴衰成败的关键因素，能保障员工的生命安全、设备的运行安全、产品的使用安全，既是企业发展的需要，也是社会稳定的需要。

长期以来，很多企业只从形式上提出了"安全第一"的要求，墙上贴满了类似的口号，但是，在理论和实践上没有落实"安全第一"的思想方法和实现"安全第一"的运作手段。安全管理也是一门现代科学，蕴含着现代管理的理念。

那么，什么是企业安全管理呢？企业安全管理是指，由企业有关部门的相应人员组成安全小组，通过管理的手段实现控制事故、消除隐患、减少损失的目的，使整个企业达到最佳的安全水平，从而为劳动者创造一个安全舒适的工作环境。因而，可以给企业安全管理下这样一个定义，即以安全为目的，进行有关决策、计划、组织和控制方面的活动。

企业安全管理是对生产活动中的人、物、能量、信息四要素进行的综合管理、全面的协调管理。控制事故可以说是安全管理工作的核心，而控制事故最好的方式就是实施事故预防，即结合管理和技术手段，消除事故隐患，控制不安全行为，保障劳动者的安全。所以，"预防为主"是企业安全管理的最佳方式。

二、企业安全管理的重要性

企业安全管理在企业安全事故的控制中起着极其重要的作用，主要体现在以下3个方面：

（1）根据对企业安全事故的分析，发生的原因中85%左右都与管理松紧相关。也就是说，如果人们改进安全管理，可以消除85%左右的安全事故原因。例如，某企业因下班后忘记关窗户，下雨导致物资受潮造成损失，其原因可能是由于没有要求员工在下班后进行常规安全检查、员工不知道该检查制度的存在，或者知道检查制度但没有执行。其中任何一个原因都与管理者的疏忽、失误或管理系统的缺陷紧密相关。

（2）在大多的企业里，"安全第一"的口号经常响起，但几乎所有企业都承认，对于一家企业来说，安全并不是也不可能是第一位的，经济效益、企业发展、完成生产任务等永远是第一位的。但是，安全之所以需要放在特殊的位置，是因为其与效益的关系就像水与舟的关系，即"水能载舟，亦能覆舟"。只有良好的安全管理才能保证良好的工作效率，只有减少安全事故的发生才有可能保证经济效益。

（3）从控制安全事故的效果来讲，安全管理也是举足轻重的。一方面，控制安全事故所采取的手段，包括技术手段和管理手段，是由管理部门选择并确定的；另一方面，在有限的资金投入和技术水平的条件下，通过管理手段控制事故无疑是最有效的一种方式。当今，大多数企业之间的设备安全水平差别不大，但安全事故却大小有异，主要的问题就是管理问题。

案例阅读

在一个圣诞节的晚上，某商厦灯火通明，在该商厦地下室，丹尼斯量贩正在抓紧装修，准备赶在元旦前开张。而该商厦四楼歌舞厅里则人头攒动，人们尽情狂欢，全然不知死神正悄悄地向他们逼来。

晚上9:00左右，王某等4名无证上岗的电焊工正在该商厦地下一层焊接该层与地下二层的分隔铁板。突然，一串电焊火渣溅到了下层的沙发上。火渣很快便将沙发引燃。王某等人见状，赶紧用水扑救，但扑救无效，火势越来越猛。王某等人只得慌张逃离现场……

晚上9:20左右，浓烟夹带火苗窜上了地上一层，并沿着楼层唯一的通道急速向楼上扩散。在全封闭的商厦内，浓烟无法排出，顷刻间在整座大厦弥漫开来。当人们意识到事情的严重性时，浓烟和热浪已封住了大厦里所有逃生出口。

当第一批消防人员进入歌舞厅和在旁边的放映厅时，发现有的人坐在沙发上，有的人趴在地上，以为他们还活着，但上前一看，这些人眼睛、口鼻流血，已经因为吸入过多有毒烟气中毒窒息而死。

幸存者（丹尼斯量贩服务员范某）的痛苦回忆：

我突然闻到烧糊的味道。邓处长也站起来，把门打开，外面涌进一股浓烟，外面的灯也熄了，办公室的灯也突然熄了。我觉得大事不妙，大声喊邓处长回到房间来，但她没听见，仍然出去了。我关上门后在办公室找应急灯。由于办公室是一个套间，我在套间里把窗户打开。因为办公室里没电话，我大声喊也没人听见，虽然有浓烟不断从门缝里进来，但由于开着窗，我逃过一劫，不过精神已处于崩溃的边缘。我在那个房间一直待到凌晨2:00多，才有消防人员发现我。

火灾直接原因：

无知而愚昧的肇事者，他们在逃离火场时竟没报警，以致消防部门失去了宝贵的灭火时机。

深刻教训：

（1）电焊工是特种作业人员，必须持证上岗，严禁无证操作。王某等4名工人均是无证上岗的电焊工，属违规操作。

（2）丹尼斯量贩消防安全管理松散，动火区域存有大量易燃物，但是有关管理人员既没有制止王某等人的违规行为，也没有采取相关安全措施。

透视灾难之源：

（1）该商厦作为一家大型企业，漠视安全管理，没有建立安全管理体系，也没有进行严格有效的安全监督和管理，安全责任体系松散，结果导致悲剧的发生。

（2）该商厦四楼歌舞厅在火灾之前就存在严重火灾隐患，消防部门对其先后4次下达整改通知书，甚至在12月中旬还勒令其停业整顿，但一直没得到落实。

（3）该商厦里的商贩不顾消防安全，抢着装修自己租来的摊位，地下商场只在大厦正门设置临时出入口，连左侧的一长排做小生意的铁皮屋这样的违章建筑也落地生根。该商厦的消防设施本来就不规范，4条通道又有2条被人为封死，这简直是雪上加霜。

（4）市民的消防意识淡薄也是惨案发生的另一个原因，要是人们在娱乐时，多注意选择环境好、安全措施齐全的娱乐场所，所学自救常识越多，逃生的机会就越大。

三、企业安全管理的理念

要搞好企业的安全管理，必须要有现代化的安全管理理念。

（一）安全管理的核心是人本管理

安全管理的基础是"全员参与"。直接从事生产和服务的一线工人，长期在工作岗位上获得的专业知识和实际操作经验是别人无法比拟的。他们在自己的工作范围内是真正的专家，往往能提出一些极有价值的问题和建议，他们的智慧和力量是不容忽视的。

安全管理的效果取决于企业管理者和广大员工对安全的认识水平和责任感，企业在实施安全管理的过程中，必须得到全体员工的认同，包括决策者、中层管理人员和基层员工。只有这样，全体员工才会积极行动起来，自觉地参与安全管理。安全管理成败的关键在于领导，应强调领导层的重视和参与，要求管理者对企业安全管理方针的制定与安全措施的筹划、开发、实施和改进的决策负最终责任。

（二）预防原则

安全管理的方针是"安全第一，预防为主，综合治理"。通过有效的管理和技术手段，减少和防止人的不安全行为和物的不安全状态，从而使事故发生的概率降到最低，这就是预防原理。企业可以采取3种预防事故的对策，即工程技术对策、教育对策和法制对策。

（三）系统原则

系统原则是指人们在从事管理工作时，运用系统的观点、理论和方法对管理活动进行充分的系统分析，以达到安全管理的优化目标，即从系统论的角度来认识和处理企业管理中出现的问题。

（四）强制原则

采取强制管理的手段控制人的意愿和行为，使个人的活动、行为等受到管理要求的约束，从而有效地实现管理目标，这就是强制原则。企业安全管理需要强制性是由事故损失的偶然性、人的"冒险"心理及事故损失的不可挽回性决定的。因此，当生产和其他工作与安全发生矛盾时，要以安全为主，生产和其他工作要服从安全，这就是"安全第一"的原则。此外，必须授权专门的部门和人员行使监督、检查和惩罚的职责，对企业生产中的守法和执法情况进行监督，追究和惩戒违章失职行为。

（五）责任原则

责任原则是指管理工作必须在合理分工的基础上，明确规定、组织各级部门和个人必须完成的工作任务和相应的责任。例如，制定和落实安全生产责任制、事故责任问责制，以及推行越来越被国际社会认可的 SA 8000 社会责任标准等。

（六）注重安全文化建设

安全文化建设是近年来提出的一项安全生产保障新对策，是安全系统工程和现代安全管理的一种新思路、新策略。企业安全文化要求除了具备安全知识、安全技能、安全意识以外，还应正视观念、态度、品行、道德、伦理、修养等更为基本和深层的人文因素和人文背景。企业安全文化包括安全观念文化、安全行为文化、安全管理文化和安全物质文化，具有保障安全生产与安全生活的战略意义。企业安全文化建设既包括安全宣传、文艺、管理、教育、文化、经济等软件的建设，还包括安全科技、安全工程、安全设备、工具等硬件的建设，具有综合性、全面性和可操作性。

第二节　企业安全管理的内容

企业安全管理主要涉及财产安全和人身安全两个方面。

特别关注

> 　　财产安全方面，主要包括：工地物资、材料、设备，危险品，半成品，成品；办公生活区的图纸、文档，秘密材料，电子数据，钱财，个人物品等；防盗、防火、防水、防霉变、防丢失、防泄密、防人为毁损等。
> 　　人身安全方面，主要包括：职业安全卫生方面，如施工场所或办公生活区的防火，防漏电、触电，防风沙、粉尘，防冻，防暑，防晒，防滑，防噪声，防辐射，防毒，防窒息，防淹溺，防灼伤、烫伤，防坠落、跌落，防机械误操作，防食物中毒，防传染病、流行病等。

从工作内容和范围上来说，企业安全管理主要包括安全生产管理、企业治安管理、消防安全管理、信息安全管理等。

一、安全生产管理

安全生产管理是企业安全管理的重要内容。安全生产管理是指企业在生产过程中的人身安全、设备和产品安全、交通运输安全等，即为了使生产过程在符合安全要求的物质条件和工作秩序下进行，防止伤亡事故、设备事故及各种灾害的发生，保障劳动者的安全和健康及生产过程的正常进行而采取的各种措施和从事的一切活动。它既包括对劳动者的保护，也包括对生产、财物、环境的保护，使生产活动正常进行。安全生产管理的目标是减少和控制危害，减少和控制事故，尽量避免生产过程中由于事故所造成的人身伤害、财产损失、环境污染及其他损失等。

安全生产管理的基本对象是企业员工，以及企业中所有人员、设备设施、物料、环境、财务、信息等方面。

安全生产管理的内容包括安全生产管理机构和安全生产管理人员，以及安全生产责任制、安全生产管理规章制度、安全生产策划、安全培训教育、安全生产档案。因此，企业安全管理人员在进行安全生产管理时，可以从以上安全管理内容来开展，达到切实有效的管理效果。在生产过程中，一般需要强调以下一些方面的安全管理。

（一）常规作业安全

常规作业安全是指在日常的生产过程中的作业安全，如员工必须持证上岗、危险区域需设置警示标志、严格按照日常安全管理制度进行安全生产等。

（二）特种作业管理

特种作业是指在生产过程中容易发生伤亡事故，对操作者本人，尤其对他人和周围设施的安全有重大危害的作业。特种作业包括用电作业、金属焊接（切割）作业、起重作业、企业内部机动车辆驾驶、建筑登高架设作业和根据特种作业基本定义由省级安全生产监管部门确定并报国家有关部门备案的其他作业。特种作业人员必须进行专门的安全技术知识教育和安全操作技术训练，经过严格的考试，考试合格并取得特种作业安全操作许可证才可以上岗工作。

（三）防护用品管理

《中华人民共和国劳动法》第五十四条规定，用人单位必须为劳动者提供符合国家规定的劳动安全卫生条件和必要的劳动防护用品。个人防护用品是保护劳动者在生产过程中安全与健康所必需的预防性装备。有下列情况之一的，企业应该供给工人工作服或者围裙，并且根据需要分别供给工作帽、口罩、手套、护腿和鞋盖等防护用品：

（1）有灼伤、烫伤或容易发生机械外伤等危险条件下的操作。
（2）散发毒性、刺激性、感染性物质或大量粉尘的操作。
（3）经常使衣服腐蚀、潮湿或特别肮脏的操作。

在有危害健康的气体或粉尘的场所操作的工作，应该由企业分别供给适用的口罩、防护眼镜和防毒面具等。

工作中发生有毒的粉尘和烟气，可能伤害口腔、鼻腔、眼睛、皮肤的，应由企业分别供给工人漱洗药水或者防护药膏。

（四）化学危险品管理

化学危险品在其生产、储运、加工、使用过程中，在失控状态下，若其数量超过临界值时，就可能酿成突发恶性事故。在通常情况下，因对化学危险品防护不力或使化学危险品长时间危害接触者，会导致工人严重的机体损伤，甚至造成死亡或贻害后代。

常见的生产性毒物有铅、汞、铬、锰、铍、砷、磷、苯及其化合物、油漆、农药、刺激性气体、窒息性气体、橡胶、塑料，以及制革工艺中的氯乙烯、丙烯腈、苯乙烯等毒物。

化学危险品管理的主要内容有以下几个方面：

（1）用无毒、低毒物料及工艺代替有毒、高毒的物料及工艺。
（2）对于生产设备和产品，使其中有毒物料密闭化、管道化、机构化和自动化。
（3）开发和应用通风排毒和净化回收工程技术。
（4）研究和开发新型、高效的有害烟雾净化技术和产品。
（5）研究开发隔离操作和监测、监控毒物的工程技术。
（6）研究和完善防毒工程的组织管理措施，包括领域专人负责、制定规划、宣传教育。
（7）实施对重大毒害危险源的评价与监控，以及环境质量控制。
（8）建立防毒工程应急救援体系。

（五）预防触电伤害管理

触电事故是由电流的能量造成的，属于电流伤害事故，分为电击和电伤，要注意以下几点安全要求：

（1）电气设备发生故障或损坏，如刀闸、开关的绝缘或外壳破裂等，应及时报告修，不要擅自拆卸修理。
（2）在生产中，如遇照明灯具损坏或熔断器熔体熔断等情况，应请电工来修理，不能随意调大或调小，更不能用铁丝、钢丝代替。
（3）使用的电气设备的外壳应按照安全规程进行保护性接地或接零。
（4）使用电钻、电砂轮等手持电动工具时，应有漏电保护措施，其导线、插销、插座必须符合"三相四线"的要求，要有接地保护，不得将导线直接插入插座使用。

（5）在清扫时，不要用水冲洗电器开关箱或电器设备，更不要用碱水擦拭，以免使设备受潮受蚀，造成短路和触电事故。

（6）在雷雨天，不要走进高压电杆、铁塔、避雷针的接地导线周围20m以内，以免发生跨步电压触电事故。

（7）对设备进行维修时，一定要切断电源，并在显眼处放置"禁止合闸，有人工作"警示牌。

（六）机械伤害管理

运行机械时，企业必须采取措施保证机械本身处于安全状态。对于员工来说，在操作机械时危险时刻存在，应注意以下几点：

（1）上岗前必须经过培训，掌握设备的操作要领后方可上岗。

（2）严格按照设备的安全操作规程进行操作。

（3）操作前要对机械设备进行安全检查，在确定正常后，方可投入使用。

（4）机械设备的安全防护装置必须按规定正确使用，不准弃用或将其拆掉。危险机械设备是否使用安全防护装置，要看设备在正常工作状态下，能否防止操作人员身体任何一部位进入危险区，或进入危险区时能否保证设备停止运转（运行）或者能做紧急制动。

（5）必须正确穿戴好个人防护用品。长发者必须戴工作帽，必须穿"三紧"（领口紧、袖口紧、下摆紧）工作服，不能佩戴项链等悬挂物，操作旋转机床不能戴手套。

（6）切忌长期加班加点，疲劳作业。

（七）交通安全管理

在企业内行驶、作业的机动车辆，车辆的装备、安全防护装置及附件应齐全有效。车辆的整车技术状况、污染物排放、噪声等应符合有关标准和规定。

企业应建立健全内部机动车辆安全管理规章制度，车辆应逐台建立安全技术管理档案。

内部机动车辆应在当地有关部门办理登记手续，建立车辆档案，经有关部门对车辆进行安全技术检验，合格后核发牌照并进行年度检验。

二、企业治安管理

企业治安管理是企业内部的安全保护管理，由企业成立的安保部门负责管理，主要保护企业的人身、财务安全。企业治安管理的工作内容主要有以下几点：

（1）做好日常的保护、警卫工作，严格门卫出入管理制度，确保重点要害部门的安全。

（2）负责企业内部的日常夜间巡逻，经常巡视重点位置，发现可疑人员要查问清楚，防止意外事故的发生，保护企业的人、财、物安全。

（3）维护企业内部的秩序，制止员工违章违纪，如嬉戏打闹、损坏公共财产等行为。

（4）保障消防通道畅通和停车秩序的良好，负责机动车辆的有序停放，杜绝因乱停放而造成的责任事故。

（5）经常开展调查摸底，及时打击刑事犯罪分子的破坏活动。配合上级做好内部职工的调解工作，化解矛盾，预防矛盾激化。

（6）对有轻微违法犯罪行为、尚不构成刑事责任的职工，应采取帮助教育措施。

（7）对职工进行经常性的治安保卫、遵纪守法教育。

三、消防安全管理

【企业消防安全管理】

（一）企业消防安全管理要求

（1）贯彻执行《中华人民共和国消防法》（下文简称《消防法》）是消防安全管理的基础。《消防法》规定，消防工作贯彻"预防为主，防消结合"的方针，坚持专责机关与群众相结合的原则，实行防火责任制。

（2）《消防法》规定机关团体、企事业单位应当履行的消防安全职责有以下几项：

① 制定消防安全制度、消防安全操作规程。

② 实行防火安全责任制，确定本单位和所属各部门岗位的消防安全责任人。

⑤ 针对本单位的特点对员工进行消防安全宣传教育。

⑥ 组织防火检查，及时消除火灾隐患。

⑥ 按照国家有关规定配置消防设施和器材，设置消防安全标志，并定期检查、维修，确保消防设施和器材完好有效。

⑦ 保障疏散通道安全出口畅通，并设置符合国家规定的消防安全疏散标志。

⑧ 推行有效的消防演习活动。进行各种消防器材的实际使用演练。对可能出现的火灾事故进行有效的应急处置、个人救生等应急技能演练。

（二）消防常见知识

1. 灭火的方法

及时、正确地运用各种方法扑灭初期火灾，是减少火灾损失、杜绝火灾致人死亡的最重要一环。

（1）隔离灭火法：将燃烧物体与附近的可燃物隔离或疏散开，使燃烧停止（控制可燃物）。

（2）窒息灭火法：采用适当措施防止空气流入燃烧区，或用惰性气体稀释空气中的氧气含量，使燃烧物质缺乏或断绝氧气而熄灭（抑制助燃物）。这种灭火法常用的灭火材料有水蒸气、二氧化碳、氮气。

（3）冷却灭火法：将灭火剂喷洒在燃烧的物质上，使可燃物质的温度降到燃点以下，使燃烧停止（控制着火源）。这种灭火法常用的灭火材料有水、二氧化碳等。

（4）抑制灭火法：使灭火剂参与燃烧的连锁反应，使燃烧过程中产生的游离基消失，形成稳定分子或低活性的游离基，从而使燃烧反应停止（控制反应链）。

2. 灭火器的种类

（1）干粉灭火器：使用二氧化碳或氮气作动力，将干粉从喷嘴内喷出，形成一股雾状粉流，射向燃烧物质灭火。普通干粉灭火器又称 BC 干粉灭火器，用于扑救液体和气体火灾，对固体火灾则不适用。多用干粉灭火器又称 ABC 干粉灭火器，可用于扑救固体、液体和气体火灾。

（2）1211 灭火器：1211 本身含有氟的成分，具有较好的热稳定性和化学惰性，久储不变质，对钢、铜、铝等常用金属腐蚀作用小，而且由于灭火时是液化气体，所以灭火后不留痕迹，不污染物品。1211灭火器适用于电器设备、各种装饰物等贵重物品的初期火灾扑救。由于它对大气臭氧层具有破坏作用，所以在非必须使用场所一律不准使用1211灭火器。

（3）泡沫灭火器：主要用于扑救各种油类火灾，木材、纤维、橡胶等固体可燃物火灾。

（三）扑救火灾的一般原则

（1）报警早，损失小。
（2）边报警，边扑救。
（3）先控制，后灭火。
（4）先救人，后救物。
（5）防中毒，防窒息。
（6）听指挥，莫惊慌。

总之，要按照积极抢救人命、及时控制火势、迅速扑灭火灾的基本要求，及时、正确、有效地扑救火灾。

四、信息安全管理

随着信息技术的发展，企业的信息化建设已经成为企业发展的重要部分，但信息化也使企业承受着巨大的信息安全风险。

特别关注

企业信息安全的隐患一般来自4个方面：网络环境下的潜在危险，企业内部局域网的潜在危险，存储设备（服务器、终端、移动存储）的软、硬件配置漏洞及企业信息安全管理中存在的漏洞。

要构建企业信息安全体系，保护企业的信息资产不受侵害，为用户提供可信的服务，就要结合企业的特点和实际情况，将企业所能够配备的先进的软、硬件设备，技术与企业信息系统，信息安全管理经验等相融合，为企业信息系统及核心业务提供全面的保护，确保企业发展速度和业务的顺畅运行。

（一）物理安全

企业在网络工程的设计和施工中，必须优先考虑保护人的安全，然后考虑网络设备不会因水、电、火灾害和雷击、鼠咬、被盗等事件而遭到侵害。电源问题和人为因素（误操作或盗窃等）是导致网络环境安全风险的主要原因，物理安全也就是要从这两个方面入手。

（二）网络安全

企业无法改变网络的拓扑结构，所以企业内部局域网的网络拓扑结构设计就成为安全的重点。企业局域网中常见的网络拓扑结构为总线型或星型，这容易导致企业内部网络上只要有一部机器与外部进行通信，其他机器都会受到安全威胁，并通过网络传播，影响到企业所连接的其他网络。因此，企业在设计内部网络结构时必须选用混合型网络拓扑结构，将一些重要的信息数据服务器与对外公开的服务器进行必要的隔离，避免网络信息外泄。

(三) 应用系统安全

在应用系统的安全性上,主要考虑尽可能地建立安全的系统平台,通过专业的安全工具检测,不断发现漏洞、修补漏洞,提高系统的安全性。应用程序则需要从正规渠道获取,在使用前对其进行木马和病毒检测,同时也需定期地进行漏洞扫描和修补,这样才能保证自身的安全。

硬件防火墙是保障内部网络安全的一道重要屏障,它具有软件防火墙所不具备的其他功能,如内容过滤、入侵侦测、入侵防护等。在保证网络安全的效果上,硬件防火墙比软件防火墙要强得多,这也决定了它的价格比软件防火墙贵。

(四) 信息管理

管理是网络安全中最重要的部分。责权不明、安全管理制度不健全及缺乏可操作性等,都可能引起管理安全的风险。信息管理制度包括设备管理制度、操作人员管理制度、数据安全管理制度和准入(密码、权限)管理制度等方面。

第三节 企业安全管理的体系

企业应当如何构建企业的安全体系?重点在于通过全面的安全管理,切实预防安全事故的发生,应用现代安全科学管理方法来提高企业的安全管理水平。

一、安全事故产生的原因

> **特别关注**
>
> 据有关资料统计,在安全事故中,事故的直接原因中有90%的事故与人的不安全行为有关,有80%以上的事故与物的不安全状态有关。这些数字表明,大多数事故既与人的不安全行为有关,也与物的不安全状态有关,也就是说,只要控制好其中之一,即人的不安全行为或物的不安全状态中有一个不发生,或者两者不同时发生,人们就能控制大多数事故,减少不必要的损失,这对于事故的预防与控制来说是非常重要的。

结合对人的不安全行为和物的不安全状态的分析看,造成安全事故的原因主要有以下几个方面。

(一) 人的不安全行为

人的不安全因素主要表现为以下几个方面:

(1) 违反安全操作规程,如不采取安全措施、不安全放置、接近危险场所等。

(2) 违反企业规定的劳动纪律。

(3) 违章指挥。不按安全规定乱指挥是指对生产的组织管理、工艺技术等的指挥决策和对事故抢救的指挥考虑不周,处理措施不当,发出不正确的指令,未能避免事故发生或未能控制事故的蔓延。

人的不安全行为产生的主要原因有以下几类:

(1) 不知型。由于教育培训不到位或相关规章制度、操作规程不完善,实施违章行为的当事人不知道其行为是违章的。这部分人主要包括企业的新员工、临时工和转岗人员等。

（2）不知所以型。"知其然，不知其所以然"，虽然实施"违章"的人员知道有规章制度、操作规程，但不知道为什么要这样做，不懂违章作业带来的后果的严重性。这部分人技术不熟、能力不够，主要包括新员工和整体素质较差的员工。

（3）明知故犯型。这部分人存在侥幸心理，凭经验过高估计自己的能力，麻痹大意，冒险蛮干，当遇到麻烦事、难事、赶时间、赶任务或单独作业时选择实施"违章"作业。

（4）失误型。一是技术不熟、能力不够，造成判断失误；二是受情绪、环境的影响，精力不集中，因疏忽、遗漏等造成失误；三是疲劳操作，判断能力下降使得动作的准确性、灵活性下降而造成失误。

（二）物的不安全状态

（1）装置、设备、工具、厂房等在设计、制造、防护、安装、维护方面存在缺陷，不符合有关规范、标准等。

（2）物料的理化特性，如易燃易爆、自燃、腐蚀、毒性、放射性、扩散等。

（3）粉尘、噪声与振动。

（三）环境的不安全因素

（1）环境因素。例如，高温、低温、采光、高气压（减压病）、压力、湿度、给排水等。

（2）作业场所。例如，安全通道、安全间距不足，信号、安全标志缺陷等。

同时，环境的危害因素也是引发职业病的主要原因。我国职业病的预防坚持"三级预防"的原则。一级预防：消除、隔离、控制；二级预防：健康监护、加强监测、早期发现、早期诊断；三级预防：对确诊者要坚持治疗、定期检查、享受职业病待遇。

（四）管理的缺陷

管理的缺陷包括劳动组织不合理、企业主要领导人对安全生产的责任心不强、作业标准不明确、缺乏检查保养制度、人事配备不完善、对现场工作缺乏检查或指导错误、没有健全的操作规程、没有或不认真实施事故防范措施等。

对现场工作缺乏检查是管理的重要缺陷，涉及检查的数量和质量两个方面：一方面是指没有进行检查或检查的次数太少，间隔时间太长；另一方面是指对某一特定的设备、设施、场所等，虽已进行了检查，但查得不细、不深，未能发现问题，因而未能避免事故发生。

同时，安全责任制不落实、安全制度不健全、管理不到位、监督不力等也是造成安全事故的重要因素。

教育培训不够是指虽然形式上对职工进行了安全生产知识的教育和培训，但是在组织管理、方法、时间、效果、广度、深度等方面还存在一定差距，对安全生产技术知识和劳动纪律没有完全掌握，对各种设备、设施的工作原理和安全防范措施等没有融会贯通，对岗位的安全操作方法、安全防护方法、安全生产特点等一知半解，应付式对待日常操作中遇到的各种安全问题，对安全操作规程等不重视，不能真正按规章制度操作，以致不能防止事故的发生。

二、安全事故预防的主要对策

要想不发生安全事故,最好的办法就是预防。预防安全事故的发生可以采取以下 3 种对策。

(一)工程技术对策

采用安全可靠性高的安全技术、安全设施、安全检测等技术来提高生产过程的本质安全。工程技术对策的核心在于使用技术来预防安全事故,例如,企业采用先进的生产设备,可以降低安全事故的发生率;企业为了防盗,引进先进的电子监控系统。

(二)安全教育对策

采用各种有效的安全教育措施,加强企业安全文化建设,全面提高员工的安全素质。通过多种形式的安全教育,提高企业员工的技术能力,提升安全意识,从员工的角度预防安全事故的发生。

(三)安全管理对策

采用各种有效的管理措施与办法,协调人、机、环境的关系,提高生产系统整体的安全性、可靠性。例如,采用安全责任制的办法,层层落实安全责任、安全检查和监督机制,切实提高企业的安全管理水平。

三、现代企业安全管理

现代企业安全管理的核心就是消除和控制人的不安全行为和物的不安全状态。在安全管理中,要坚持"以人为本"的思想,积极创造条件,提高员工的素质。实施安全管理,可以实现企业安全、稳定、和谐的发展。

【企业安全管理小故事】

(一)安全生产责任制

《中华人民共和国安全生产法》规定,生产经营单位的主要负责人对本单位的安全生产工作全面负责。

安全生产责任人有以下 6 项职责:

(1)建立健全本单位安全生产责任制。
(2)组织制定本单位安全生产规章制度和操作规程。
(3)保证本单位安全生产投入的有效实施。
(4)督促、检查本单位的安全生产工作,及时消除生产安全事故隐患。
(5)组织制订并实施本单位的安全事故应急救援预案。
(6)及时、如实报告生产安全事故。

员工的安全生产职责有以下 8 个方面:

(1)认真学习和严格遵守各项规章制度,不违反劳动纪律,不违章作业,对本岗位的安全生产负直接责任。
(2)精心操作,严格执行工艺规程,做好各项记录,交接班时必须交接安全情况。
(3)正确分析、判断和处理各种事故隐患,把事故消灭在萌芽状态;如果发生事故,要正确处理,及时、如实报告,并保护现场,做好详细记录。

（4）按时认真进行巡回检查，发现异常情况应及时处理和报告。
（5）正确操作、精心维护设备，保护作业环境整洁，搞好文明生产。
（6）上岗必须按规定着装；妥善保管和正确使用各种防护器具和灭火器材。
（7）积极参加各种安全活动。
（8）有权拒绝违章作业指令，对他人违章作业应当劝阻和制止。

安全责任划分及承担原则有以下3个：

（1）"一岗双责"制。管生产，也必须管安全。
（2）"三谁"原则。谁主管谁负责，谁审批谁负责，谁监管谁负责（谁在岗谁负责）。
（3）分级负责。生产经营单位的主要负责人是安全第一责任人，全面负责；分管安全负责人承担综合监督管理责任；分管专项工作负责人对分管的专项工作安全承担直接领导责任。

（二）安全检查体系

对于企业来说，日常的安全检查是非常有必要的。安全检查的目的是及时发现事故隐患，督促事故隐患的整改，从而有效预防安全事故的发生。

安全检查的类型有以下几种：

（1）定期安全生产检查。
（2）经常性安全检查。
（3）季节性及节假日前安全检查。
（4）专项安全检查。
（5）综合性安全生产检查。
（6）不定期的职工代表巡视安全检查。

安全检查的内容主要是查思想、查管理、查制度、查现场、查隐患、查事故处理。

（1）查思想。在查隐患、努力发现不安全因素的同时，应注意检查企业领导的思想路线，检查他们对安全生产是否认识正确；是否把员工的安全健康放在了第一位；特别是对于各项安全生产法规及安全生产方针的贯彻执行情况，更应严格检查。

（2）查管理、查制度。安全生产检查也是对企业安全管理上的大检查。检查企业领导是否把安全生产工作摆上议事日程；安全管理的要求是否得到落实；企业各职能部门在各自业务范围内是否对安全生产负责；安全专职机构是否健全；工人群众是否参与安全生产的管理活动；改善劳动条件的安全技术措施计划是否按年度编制和执行；安全技术措施费用是否按规定提取和使用；等等。此外，还要检查企业的安全教育制度，如新员工入职的安全教育制度、特种作业人员和调换工种工人的培训教育制度，以及各工种操作规程和岗位责任制等。

（3）查现场、查隐患。安全生产检查的内容主要以查现场、查隐患为主，深入生产现场工地，检查企业的劳动条件、生产设备及相应的安全卫生设施是否符合安全要求。

（4）查事故处理。检查企业对工伤事故是否及时报告、认真调查、严肃处理。在检查中，发现未按要求草率处理的事故，要求重新处理，从中找出原因，采取有效措施，防止类似事故重复发生。

在开展安全检查工作中，各企业可根据自身的情况和季节特点，做到每次检查的内容有所侧重、突出重点，真正达到较好的效果。

为了提高安全检查的水平，检查前应编制安全检查提纲或安全检查表，经主管领导审批后执行。对于查出来的隐患，要编制整改计划并监督实施，安全检查应结合安全性评价逐步进行。

（三）安全培训体系

（1）新员工。特别是对于工业企业来说，新员工必须进行厂、车间、班组三级安全生产教育。对于其他的企事业单位来说，新员工也必须进行严格的安全教育。

① 厂级安全教育内容。包括安全生产基本知识，本单位安全生产规章制度，劳动纪律，作业场所和工作岗位存在的危险因素、防范措施及事故应急救援预案、事故案例等，由专职安全员讲解。

② 车间级安全教育内容。包括本车间安全生产状况和规章制度，作业场所和工作岗位存在的危险因素、防范措施及事故应急措施等，由车间安全员或车间主任讲解。

③ 班组级安全教育内容。包括岗位安全操作规程、生产设备、安全装置、劳动防护用品的正确使用方法等，由班组长讲解。

（2）调整工作岗位或离岗一年以上重新上岗人员应进行相应的车间、班组级安全教育。

（3）特种作业人员。特种作业人员范围为电工、焊工、切割工、起重机械作业人员、驾驶员、登高作业人员、锅炉工、压力容器操作工、制冷作业人员、爆破人员等。特种作业人员相关安全培训要求如下：

① 上岗前必须接受专门机构培训，持证上岗。

② 接受相关作业人员的再培训。

③ 接受相应工作单位、车间、班组的安全教育。

（4）外来人员。外来人员相关安全培训要求如下：

① 接受专门人员的带领或管理。

② 穿戴好劳防用品。

③ 特种作业必须持证，并到相关部门备案。

④ 遵守单位的规章制度。

（四）安全生产监督体系

企业负责（责任主体）制除了建立落实责任体系和保障体系外，还要健全企业内部的安全监察机构、配备安全监察人员，车间（队）要有专职安全员，班组要有兼职安全员，同时要发挥工会、员工在安全生产中的监督作用。

企业是安全生产的责任主体，要依法做好安全生产方方面面的工作，切实保证本单位的安全生产；要建立健全安全生产责任制和各项规章制度，依法保障所需的安全投入；加强管理，做好基础工作，形成自我管理、自我约束、不断完善的安全生产工作机制。

（五）安全事故应急救援

事故应急救援的基本任务如下：

（1）立即组织营救受害人员，组织撤离或者采取其他措施保护危害区域内的其他人员。

（2）迅速控制事态，并对事故造成的危害进行检测、监测，测定事故的危害区域、危害性质及危害程度。

（3）消除危害后果，做好现场恢复。

（4）查清事故原因，评估危害程度。

应急救援要求——迅速、准确、有效，如下所述：

（1）迅速。要求建立快速的应急响应机制，能迅速准确地传递事故信息，迅速调集所需的大规模应急力量和设备、物资等，迅速建立起统一与协调系统，开展救援行动。

（2）准确。要求有相应的应急决策机制，能基于事故的规模、性质、特点等信息，正确地预测事故的发展趋势，准确地对应急救援行动和战术进行决策。

（3）有效。主要是指应急队伍的建设、应急设备物资的配备与维护，预案的制订与落实以及有效的外部增援机制等。

企业应急预案的主要内容如下：

（1）基本情况。包括单位的性质、危险源分布，以及危险性、救援力量情况等。

（2）组织机构与职责。包括指挥、通信与联络、抢险与疏散、安全防护、医疗等职责。

（3）应急程序。包括应急报警程序、事故抢救与疏散程序和措施、急救医疗措施等。

（4）预案的演练。包括综合演练、专项演练等。

（5）其他。包括有关图表、说明书，以及有关制度等。

知识拓展

一、工伤认定与申请

（一）认定工伤

（1）工作时间和工作场所内，因工作原因受到事故伤害的。

（2）工作时间前后在工作场所内，从事与工作有关的预备性或收尾性工作受到事故伤害的。

（3）工作时间和工作场所内，因履行工作职责受到暴力等意外伤害的。

（4）患职业病的。

（5）因公外出期间，由于工作原因受到伤害或发生事故下落不明的。

（6）在上下班途中，受到机动车事故伤害的。

（7）法律法规规定应当认定为工伤的其他情形。

（二）视同工伤

（1）工作时间和工作岗位，突发疾病死亡或48h之内经抢救无效死亡的。

（2）在抢险救灾等维护国家利益、公共利益活动中受到伤害的。

（3）从业人员原在军队服役，因战争、因公伤致残，已取得革命伤残军人证到用人单位后旧伤复发的。

二、不能认定为工伤

（1）因犯罪或者违反治安管理条例伤亡的。

（2）酗酒导致伤亡的。

（3）自残或者自杀的。

三、工伤认定的申请

从业人员发生事故伤害后，生产经营单位应当自事故发生之日起30日内，向所在地的劳动保障行政部门提出工伤认定申请。

能力训练

训练一

任务：调查一家企业，了解该企业的安全管理状况，对该企业的安全教育、安全生产管理、治安管理和消防管理等方面的落实情况和安全制度建设进行调查访谈，并收集该企业曾经发生的安全事故及发生事故的主要原因。

目标：进一步加深对企业安全管理重要性的感性认识，掌握安全管理的思想和方法。

能力点：沟通交流、团队合作、分析能力。

实施步骤：

（1）学生4～6人分为一个小组，1人任组长。

（2）每个小组调查了解一家企业的安全管理状况，并向企业提供项目任务的背景信息。

（3）根据企业的实际情况，按任务要求分析企业的安全状况，并制作PPT进行介绍。

（4）学生交流调查体会及对安全管理的认识。

（5）教师小结，每位同学撰写实训报告及总结。

训练二

任务：查找信息，收集企业安全事故的案例。要求每个小组都对案例进行说明，并深层次地剖析产生本次安全事故的原因，以及分析应当如何来避免安全事故的发生。

目标：深层剖析企业安全事故产生的原因，使大家深刻认识到安全问题不能疏忽。

能力点：信息收集、分析能力。

实施步骤：

（1）学生2～4人为一个小组，1人任组长。

（2）在图书馆或网络查阅信息并进行编辑。

（3）学生制作PPT进行交流互动。

（4）教师小结，每位同学写出实训报告及总结。

训练三

任务：选择一家企事业单位或者某办公大楼、教学实训楼、宿舍楼等为对象，检查其消防安全情况。

目标：了解企业安全管理的实际情况，认识消防管理在日常管理中是如何进行的，以及需要特别注意的事项。

能力点：管理检查能力、沟通能力、文字编写能力。

实施步骤：

（1）学生4～6人分为一个小组，到现场进行调查，了解其消防管理的基本情况。消防安全管理检查表见表7-1。

（2）对收集到的信息进行研讨，拍摄一些具有代表性的照片。

（3）制作PPT在课堂上进行消防检查情况的介绍与交流。

（4）交流调研过程心得。

（5）教师小结，学生撰写实训报告及总结。

表 7-1 消防安全管理检查表

检查内容	检查结果	部门						备注
全面检查	消防设施和器材							
	防火通道							
	现场环境							
	违章情况							
	其他							
重点检查	操作人员							
	防护设备和报警装置							
	作业条件							
	其他							

训练四

某啤酒厂灌装车间，有传送带、洗瓶机、烘干机、装箱机、封箱机等设备。为减轻职业危害的影响，企业为职工配备了防水胶靴、耳塞等劳动保护用品。维修工甲对洗瓶机进行维修时，将洗瓶机长轴上的一颗内六角螺栓丢失，为了图省事，甲用 8 号铅丝插入孔中，缠绕固定。几天后，新到岗的洗瓶机操作女工乙在没有接受岗前安全培训的情况下就开始操作。乙没有扣好工作服纽扣，致使工作服内的棉衣角翘出，被随长轴旋转的 8 号铅丝卷绕在长轴上，情急之下乙用双手推长轴，致使整个身体都随着旋转的长轴倒立起来。由于乙未按规定佩戴工作帽，所以倒立时头发自然下垂，被旋转的长轴紧紧缠绕，导致乙头部严重受伤而当场死亡。事故处理完毕后，企业领导决定建立职业健康安全管理体系，引入现代化的管理理念和科学的管理方法，以提升企业的整体安全管理水平。

问题：

（1）指出该起事故的直接原因。

（2）分析该起事故的间接原因。

（3）从该起事故中企业得到了什么样的教训？

训练五

某机械公司因生产需要招收工人，1 月 26 日，刘某应聘到该公司工作。该公司在没有对其进行岗前职业培训和安全教育的情况下，即让刘某等 8 名新聘工人上岗，并为他们颁发了上岗证，约定试用期为 3 个月，但未签订劳动用工合同。2 月 3 日下午，因与刘某同车间的机床操作工张某不在岗，其机床无操作，刘某想多学些技术，在未经任何人允许和指派的情况下，擅自操作张某的机床。操作时，因电表盒歪了，刘某就用左手去扶，机床将其左手轧成粉碎性骨折，致使其左手 4 根指头缺损。经鉴定，刘某左手损伤构成 6 级伤残，劳动能力部分丧失。

问题：

（1）该公司是否应对这起伤害事故承担赔偿责任？

（2）从安全管理的角度来说，该公司在哪些方面没有做好？

训练六

某生产沙滩椅的企业将简易仓库改成材料库、成品库和宿舍,三位一体,彼此相连。1000m² 的宿舍里要住 500 人,上下铺拥挤不堪,过道需要侧身才能勉强通过。某年 1 月 1 日凌晨,到同乡那里过除夕后回到宿舍的刘某点燃床头的蜡烛照明,上床睡觉时,忘了吹灭蜡烛便迷迷糊糊地睡着了。凌晨 2:00 多,蜡烛的火苗点燃了他床铺四周用于遮挡的纸壳和塑料布,进而烧着了棉被。由于床铺密度大,火势迅速蔓延,狭窄的过道使许多人无法逃命,最终导致 20 人死亡、30 人重伤、79 人轻伤的特大火灾事故。

问题:

(1) 这样的事故对安全管理什么启示?

(2) 请分析该事故的原因及应采取的预防措施。

思考与练习

(1) 什么是企业安全管理?它包含哪些内容?

(2) 简要论述企业安全管理的理念。

(3) 企业出现安全事故的原因主要包括哪些方面?

(4) 企业消防管理应从哪些方面进行自查?

(5) 企业信息管理安全主要应该考虑哪些方面?

(6) 企业安全管理体系的构建可以从哪些方面进行?

参考文献

巴里·费根, 2010. 从命令到参与：企业文化行动手册 [M]. 孙忠, 译. 北京：中国市场出版社.

边文霞, 2011. 员工招聘实务 [M]. 2版. 北京：机械工业出版社.

陈亭楠, 2007. 企业文化实务手册 [M]. 北京：中国致公出版社.

大卫·布拉德福德, 艾伦·科恩, 2008. 追求卓越的管理 [M]. 刘寅龙, 韩以群, 译. 北京：中国人民大学出版社.

葛玉辉, 2011. 招聘与录用管理实务 [M]. 北京：清华大学出版社.

胡鸿杰, 2012. 办公室事务管理 [M]. 3版. 北京：中国人民大学出版社.

黄安心, 2010. 企业行政管理概论 [M]. 武汉：华中科技大学出版社.

杰克·韦尔奇, 2010. 赢 [M]. 2版. 余江, 玉书, 译. 北京：中信出版社.

金·S.卡梅隆, 罗伯特·E.奎因, 2006. 组织文化诊断与变革 [M]. 谢晓龙, 译. 北京：中国人民大学出版社.

李和平, 2010.《企业档案工作规范》实施指南 [M]. 北京：中国档案出版社.

李强华, 2011. 办公室事务管理 [M]. 武汉：华中科技大学出版社.

李玉海, 2009. 企业文化建设实务与案例 [M]. 北京：清华大学出版社.

刘光明, 2007. 企业文化塑造：理论·实务·案例 [M]. 北京：经济管理出版社.

刘昕, 2011. 薪酬管理 [M]. 北京：中国人民大学出版社.

罗伯·高菲, 盖瑞士·琼斯, 2003. 公司精神——决定成败的四种企业文化 [M]. 林洙如, 译. 哈尔滨：哈尔滨出版社.

裴宏森, 2011. 绩效考核实务 [M]. 北京：机械工业出版社.

覃兆刿, 2010. 企业档案的价值与管理规范 [M]. 北京：世界图书出版公司.

王成荣, 2009. 企业文化学教程 [M]. 2版. 北京：中国人民大学出版社.

王玉霞, 2010. 办公室事务管理 [M]. 北京：清华大学出版社.

于成鲲, 等, 2011. 现代企业管理文书写作规范 [M]. 上海：复旦大学出版社.

虞巧灵, 石磊, 2011. 企业文书与档案管理 [M]. 武汉：华中科技大学出版社.

张立章, 2011. 企业实用文书写作与范例 [M]. 北京：清华大学出版社.